いまさら聞けない！

自治体予算・会計の超基本

海老澤 功 著

SAO EBISAWA

学陽書房

はじめに

本書を手に取られた方は、予算や会計、総じて財政知識に不安を抱えていらっしゃる方が多いのではないでしょうか。自治体の仕事は分業化が進み、自治体の規模が大きくなればなるほど業務が細分化されています。担当事務によっては**「予算にはまったく関わりがない」「会計伝票に触ったこともない」**という人もいるでしょう。

そのまま中堅職員になってしまい、**「同僚にいまさら教えてとも言えない」**、まして係長に昇進して初めての予算編成の際に、**「いまさら詳しい部下に教えを乞うわけにもいかない」**など、様々な不安・困りごとを抱えているのではないでしょうか。

そこで本書は、予算等の様々なルールの適用のされ方、予算等に関係する実務や予算編成、そして財政担当課との対応等について、知っていると役に立つ知識、ためになるノウハウ、そしてお得な知恵を中心に説明しています。体系的な理論等の難しいことや根拠法などの背景は、既にある優れた専門書・学術書に譲り、その分、予算等に初めて触れる方にも理解していただけるように、厳密に表現することよりも、平易に表現することを優先しています。

ＰＡＲＴ１では、**財政**について触れていきます。担当課にいると、「財政担当課は現場の事情も知らずに予算を査定している」と思うこともあるかもしれません。しかし、そういう私たちは相手の事情を知っているのでしょうか。予算について相談等をする際、つまりコミュニケーションをとる際に、わずかでも相互理解が生まれれば、妥結点も見えやすくなります。そのため、財政担当課がよく口にする「財政が厳しい」とはどういうことなのかを理解することが大切です。

ＰＡＲＴ２では、**予算の使い方**について解説します。予算等には関係ないと思っていた方も、読み進めていく中で、担当している事業が予算に影響されていること、自分たちの事業が予算の大きな流れの一部を担っていることが徐々につかめてくると思います。財政担当課や会計担当課はなぜ予算執行に口出ししてくるのか。その理由を知り、コミュニケーションをとることで原因となっていた事象を防ぐことができれば、お互いに気持ちよく仕事ができるようになります。

ＰＡＲＴ３では、**予算の作り方**についてお伝えします。担当している事業の自然増減等の将来動向はもちろんですが、改善や拡充、はたまた新規事業の創設などにも欲が出てくるでしょう。しかし、巷にあふれるのは**「財政担当課に予算を切られた」「事業提案が通らなかった」**といったため息ばかり。モチベーションが下がってしまうこともあるでしょう。そこで、予算編成の仕組みから、財政担当課の理解を得やすい予算獲得のコツ、議会の議決までを学ぶことで、予算計上におけるコミュニケーションの大切さを理解していただければと思います。

ＰＡＲＴ４では、**国が見込む地方財政**や、**決算分析**、**財政破綻を防ぐ仕組み**など、身近な予算等から離れた応用編です。住民の方々は、自治体の財政状況などは知ることもなく、様々な自分たちの要望を皆さんにぶつけてきます。これに対し、「財政が厳しいので……」と説明したこともあると思いますが、住民は「隣の自治体ができているのに、なぜうちのまちではできないのか？」という想いが募ります。自治体の財政状況や他団体比較等を理解したうえで、住民の方と建設的なコミュニケーションを図り、納得してもらえれば、皆さんの負担も大きく減るはずです。

ここまで読み進めて、すでに気づかれた方もいらっしゃるかもしれません。

本書を通じて皆さんにお伝えしたい隠れたテーマは**コミュニケーションの大切さ**です。財政担当課の職員であっても、入庁以来生粋の財政担当という職員は、新人でもないかぎり存在しないはずです。裏を返せば、財政担当課の職員も、明日には皆さんの課の職員になって隣の席に座っているかもしれませんし、皆さんが財政担当課に配属されているかもしれないのです。

つまり、**予算等に関する知識を少しでも分かち合う**ことで、同じ職場の仲間同士、いがみ合うよりもお互いの行動原理や背景を理解し、協力できることは協力し合い、また住民とも建設的な意見交換を通じて、より良い行政運営を目指していくことができます。

本書を予算・会計、総じて財政の知識に悩まれている多くの方々にお読みいただき、多くの住民の暮らしを支える自治体の仕事が、一歩でも前進し、そしてスムーズに進んでいくことの一助になることを願ってやみません。

海老澤　功

CONTENTS

PART 2 予算はどうやって使うの？

PART 3 予算はどうやって作るの？

PART 4

地方財政の仕組みはどうなっているの？

PART 1 財政って何だろう？

予算や会計を知るためには、
まず「財政」とは何か、
その概略をつかむ必要があります。
なぜ、自治体の財政は厳しいと言われるのか。
それは本当なのか。
財政が厳しいときは
いったいどうすればよいのか？
まずは、基本の「き」から始めましょう。

そもそも財政ってどういうこと？

財政の知識が必要だとはわかっているのですが、そもそもがわかっていません。財政って、どういうことですか？

● 財政＝公共サービスを行うためのお金のやりくり

予算や会計を理解するには、その前提ともいえる「財政」について知る必要があります。まずは、そもそも財政とは何かを一緒にひも解いていくことから始めましょう。

国・自治体を問わず、行政は、公共サービスを提供するために、税金などのお金を集めて、必要なお金を支払うやりくりをします。簡単にいえば、これが「財政」です。**住民満足度の向上等を目指して事業を取捨選択し、必要なお金の確保策を検討し、やりくり（調整）する**のです。

私たちの家計でも、限られたお金の中で何を購入（実施）すべきか、優先順位をつけて取捨選択しています。これと同じはずなのに難しい、とっつきにくいと思ってしまうのは、家計は家庭の事情のみを考えればよいのに対し、財政は役所だけでなく自治体全体、つまり住民生活の影響も考慮しなければならないからです。また、何を判断基準に調整しているのかがわかりにくいこと

財政のイメージ

スポーツ・文化活動の支援 | 社会福祉の充実 | 住民票の発行 | 交通・都市整備

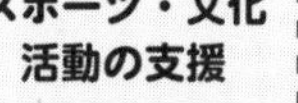

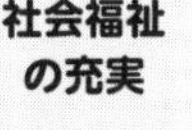
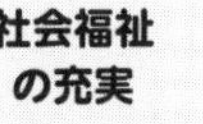

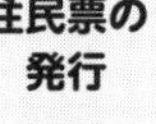
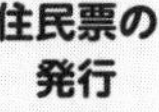
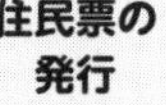
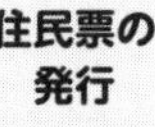
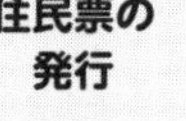

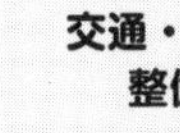

＼ 何を増やす？何を減らす？ ／

事業の取捨選択

商業振興 | 消防活動 | 教育活動 | 観光の推進

歳入・歳出、双方を調整しながら
全体が成り立つように
「お金のやりくり」をしていく活動

＝ 財政

［ 必要なお金の確保 ］

- 市税収入を見積もる
- 国や都道府県の補助金活用を検討する
- 基金の取崩しを検討する
- 借入れを検討する

も、難しく感じる要因の1つだと思います。まずはシンプルにその調整基準を説明しましょう。

●自治体財政には3つの機能がある！

財政は何を基準に調整されているのか。そのヒントは、財政の機能、言いかえれば、財政が果たす役割にあります。財政には、3つの役割があるとされています。

1つ目は、**資源配分機能**。簡単にいえば、地域に不足する資源を行政が整備することです。市場原理に任せると、例えば人口が少なく、利用が多く見込めない地域には5G通信網が整備されません。そこで、行政が整備して、その地域の通信網を他の地域に立ち遅れないようにすることが考えられます。また、人口が多い都市部では、保育園の整備に地方部よりも多額の費用（用地購入費や建物等賃借料）がかかるので、自治体独自の補助金を交付して民間保育園が開設しやすい環境を整えることが考えられます。地域に密着した基礎自治体こそが発揮しやすい機能です。

2つ目は、**所得再配分機能**。所得が多い人からはより多く、少ない人からはより少なく税を徴収（累進課税）し、また所得が少ない人に向けた政策（低所得者対策）を行って所得格差を緩和するものです。ただし、累進課税の決定などは国の権能であるため、自治体が実施できることは所得制限の設定や低所得者に対する減免、手当・助成制度の導入など、限定的なものにとどまります。また、自治体ごとに異なる政策を行うと、より有利な自治体に住民が引っ越してしまうことが考えられます。自治体間競争といえばそれまでですが、財政力がある自治体が有利になる消耗戦を引き起こしかねない機能です。

3つ目は、**経済安定化機能**。不況の時に財政支出を拡大し、また減税を行うなどして消費や投資を刺激し、経済活動を活発化させます。逆に好況の時は、財政支出を削減し、増税を行うなどして需要を抑制します。自治体に実施できることは、地域経済の活性化に向けた企業誘致やイベント開催、地域商品券等の地方単独事業の増減など、極めて限定的なものにとどまります。所得再配分機能と同様、自治体ごとに異なる政策（減税等）を行うと、消耗戦を引き起こしかねない機能です。

このように見ていくと、自治体財政が機能を発揮しやすいのは、①資源配分機能、②所得再配分機能、③経済安定化機能の順であることがわかります。自分の仕事が、誰にどんな資源（人・サービス・お金等）を配分する仕事なのか振り返ってみましょう。そのうえで誰に資源配分がなされていないのか、配分すべきなのかということを考えていくこと。それが財政を考える第一歩です。

財政のまとめ

財政＝公共サービスを実施するため、限られたお金をやりくりして配分していく行為です。自治体財政の機能は、①資源配分機能、②所得再配分機能、③経済安定化機能の３つがあります。

POINT

- 誰にどんな資源（人・サービス・お金等）を配分するのか考えること＝財政を考える第一歩

「財政が厳しい」って本当？

毎年度予算は組むことができていますし、何らかの新規事業も始まっています。本当に自治体の財政は厳しいのでしょうか？

● 必要な経費を賄えるかどうかで自治体財政の厳しさを理解する

自治体の事業は多岐に渡ります。予算書にある歳出の「款」を見ただけでも、議会、総務、民生、衛生、労働、農林、商工、土木、消防、教育……本当にいろいろなものがありますよね。

そのうち、自治体の使命を果たすために、最低限必ず行わなければならない事業があります。住民サービスは都道府県と市町村で分担しています。ざっと挙げてみても警察、消防、戸籍住民票、選挙、生活保護、国民健康保険、介護保険、道路、義務教育などがあり、どの自治体でも行わなければならないサービスです。しかし、自治体の財政力は人口や産業構造等により異なり、納税者の担税力（たんぜいりょく）（税を負担する力）にも差があります。そのため、国が何らかの調整をしないと、最低限のサービスですら提供することができない自治体が出てきてしまいます。

このようなことを起こさないために、地方交付税という自治体間の財源調整制度があります。

（詳細は本章3を参照）。この地方交付税を配分するときに用いられるのが、自治体の歳入に対して、最低限行うべき事業に要する経費の割合で計算される**財政力指数**という指標です。財政力指数が1．0に満たない場合は、普通地方交付税が交付され、1．0を超える場合は、財源に余裕があるとされ、普通地方交付税は交付されません。財政力指数の令和4年度決算における都道府県平均、市町村平均はともに0．5程度となっています。

地方交付税については、ふるさと納税に係る減収の補てん措置や、補助金の一般財源化などの費用が含まれているため、財政力指数が自治体の財政力を正確に表しているかどうかについては議論の余地があるところですが、全国一律の指標として1つの目安になるものです。

● 日常的な収入・支出で自治体財政の厳しさを理解する

皆さんもご存じの「エンゲル係数」は、家計の消費支出に占める食費の割合です。エンゲル係数は、総支出に対して食費の割合が多いと数値が高くなり、少ないと数値が低くなります。

これと同じような考え方を自治体に当てはめたものとして、**経常収支比率**（けいじょうしゅうしひりつ）という指数があります。これは毎年度収入される、自治体が自由に使えるお金のうち、毎年度義務的・継続的に支出されるお金、つまり人件費や公債費（地方債の元金・利子の返済に要する費用）、扶助費（児童手当、生活保護、保育所・幼稚園などの運営、医療費の援助など、主に福祉や医療に必要な費用）

財政力指数

簡単にイメージすると

$$\frac{\text{自治体に入ってくるお金}}{\text{自治体が最低限行う事業に必要なお金}}$$

正確には

$$\frac{\text{地方交付税上の基準財政収入額}}{\text{地方交付税上の基準財政需要額}}$$

※この算式で得た数値の過去３年間の平均値

令和４年度決算で都道府県で1.0 を超えたのは東京都のみ。市町村で超えたのは72 団体です。

経常収支比率

簡単にイメージすると

$$\frac{\text{給与や福祉のお金、借金の返済など}}{\text{毎年度収入される、自治体が自由に使えるお金}} \times 100$$

正確には

$$\frac{\text{経常経費充当一般財源等（人件費・扶助費・公債費等）}}{\text{経常一般財源等＋臨時財政対策債＋減収補てん債（特例分）＋猶予特例債}} \times 100$$

全国一律の指標として総務省や各自治体ホームページ等で公表されており、経年比較や他団体比較等に使用可能です。

などに使われた割合です。

経常収支比率は80％程度が望ましいと言われていた時期もありましたが、扶助費の増加などにより、現在では多くの自治体で80％台後半から90％台（令和4年度決算値／都道府県平均92.6％、市町村平均92.2％）となっています。

自治体には他に臨時収入や、国・都道府県から使い道を指定された収入（特定財源）があり、また特別会計への赤字繰出金（くりだしきん）など、事実上義務的・継続的な支出もあることから、一概に経常収支比率の高低だけで、自治体の財政力を推し量ることはできませんが、財政力指数と同様に、全国一律の指標として1つの目安になるものです。

●自治体財政は赤字なのか

「決算が黒字・赤字」と聞くと、歳入が歳出よりも多ければ黒字、歳入が歳出より少なければ赤字だとイメージしますよね。このように、歳入から歳出を単純に差し引いたものを**形式収支**といい、ほとんどの自治体で毎年度黒字になります。これは予算編成の段階で、歳入は少なめに、歳出は多めに、それぞれ堅く見積もっているからです。

また、年度の途中で税収が当初予算の見積りよりも少ないことが判明した時点で、歳出予算のうち不要不急部分の執行を停止したり、歳入・歳出をそれぞれ減額する補正予算を編成したり、税収の減額補正分に見合う財源、例えば基金の追加取崩し（貯金を予定外に引き出すイメージ）を行ったりしていることも要因の1つです。

なお、年度内に事業が完了しなかったものの、すでに補助金は歳入してしまった場合、その歳入は翌年度に使う（繰越すべき）財源なので、その分だけ黒字額が上乗せされたことになります。この影響を取り除いた収支を**実質収支**といいます。実質収支は過去の実質収支の積み重ねになる（前年度の実質収支が今年度の収支に引き継がれている）ことから、最も大切な収支です。

先ほど述べたとおり、ほぼ毎年度形式収支は黒字になりますが、その黒字額は翌年度予算では前年度繰越金として歳入され、実質収支においても黒字要素になります。このような過去の収支の影響（前年度実質収支額）を取り除いた（差し引いた）ものを**単年度収支**といいます。

単年度収支には、歳出に含まれる基金積立額（貯金）や地方債の繰上げ償還額（住宅ローンの繰上げ返済のイメージ）などの実質的な黒字要素や、基金の取崩額といった赤字要素が含まれます。そこで、これらの影響を取り除いた、純粋にその年度内の収入と支出だけの収支を**実質単年度収支**といいます。

このように、自治体の収支は何を要素として含めるか否かで黒字・赤字が変化します。皆さんの自治体の収支がそれぞれどうなっているのか一度確認してみましょう。

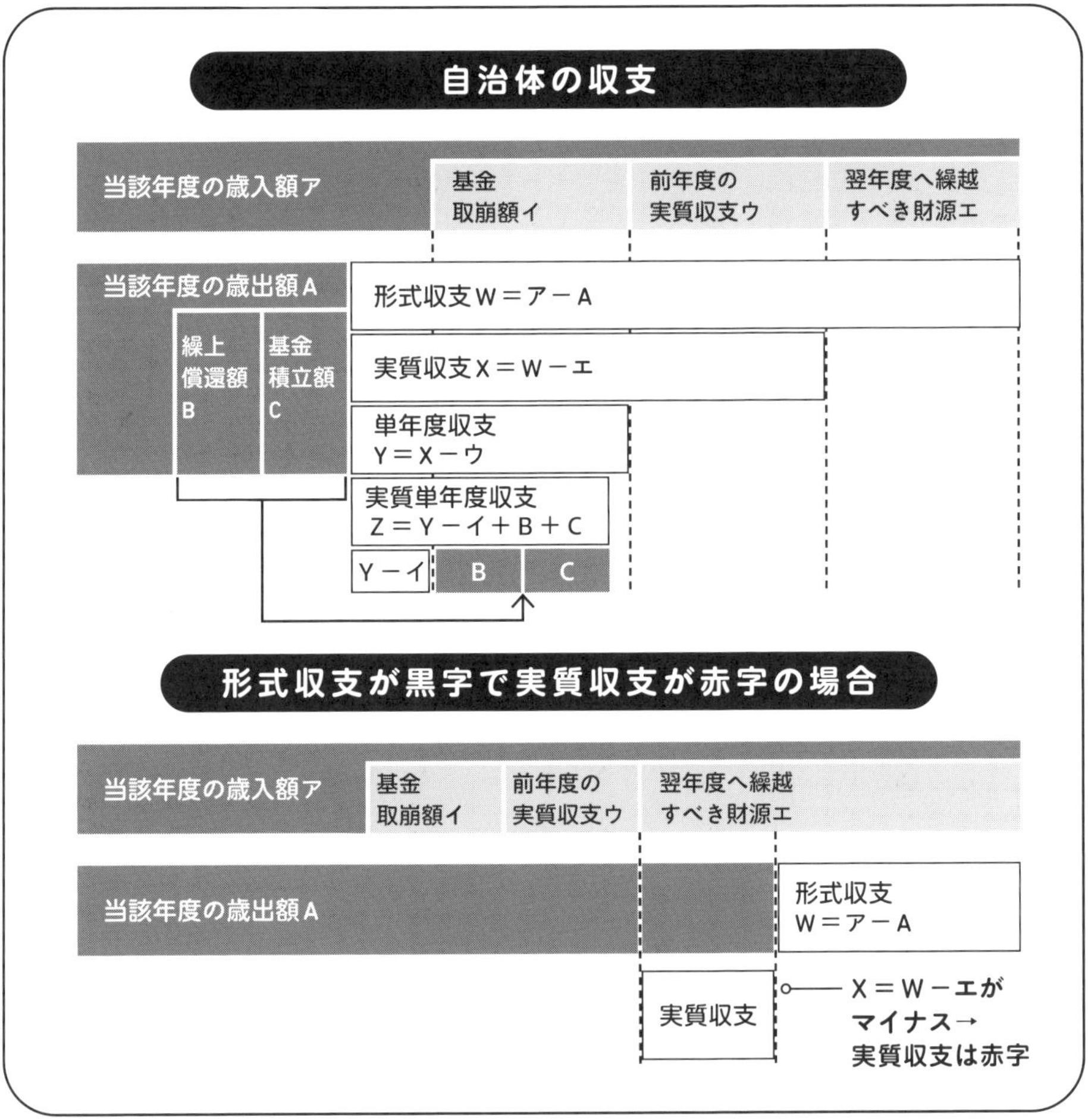

自治体の収支

形式収支が黒字で実質収支が赤字の場合

財政の厳しさのまとめ

自治体財政の厳しさは、1つの指標だけでは判断できません。また、黒字・赤字も1つの収支だけでは判断できません。何を要素として見るかが大切です。

POINT

- 財政力指数＝地方交付税積算上の財政力を表す全国一律の目安
- 経常収支比率＝経常的な財政の弾力性を表す全国一律の目安
- 実質収支＝自治体の黒字・赤字を判断する収支
- 形式収支から何を控除・追加するかで収支は変わる

財政が厳しい自治体はどうやって事務を行っているの？

自治体によって財政の厳しさは違うと思いますが、どうやってお金をやりくりして事務を行っているのですか？

●全国どの地域でも同じサービスを提供するための「地方交付税」

自治体ごとの財政力の差による不均衡を解消するため、政府が国民に保障すべき最低限度の生活水準（生活保護や医療保険など）や生活環境水準（教育環境整備や道路環境整備など）を全国どこでも享受できるようにする**財源保障**の仕組み、それが**地方交付税制度**です。

地方交付税制度は、国が自治体に代わって法定5税（所得税・法人税の33.1%、酒税の50%、消費税の19.5%、地方法人税の全額）を徴収して財源を確保したうえで、財源不足の自治体に対し、一定のルールに従って交付金を配分して自治体間の財政調整をする仕組みです。つまり**「地方交付税」という名称の税金は存在しません。**

ここで大事なことが3点あります。1点目は、交付金の配分は各自治体の赤字額ではなく、財源不足額に従うという考え方です。これにより、各自治体による税源の涵養（将来の税収の源となる産業振興や人口増加施策等に取り組むこと）や徴税努力などの意欲が削がれないようにしています。2点目は、財源不足額を計算する際は、税収等の25％を控除（これを**留保財源**といいます）することです。留保財源を確保することで、自治体が独自事業を行う余地を残すとともに、税収等に比例して留保財源が増減することで、各自治体の税源涵養や徴税努力が促される仕組みです。3点目は、地方交付税は使い道が定められていない一般財源であることです。補助金のように定められた特定の事業を実施すれば、一定の割合で交付される財源（特定財源）ではないのです。

●配分方法の公平なルールは難しい

配分のルール上は、**基準財政需要額**（最低限度の生活水準・生活環境水準を満たすために自治体が事業を実施するうえで必要な経費を積み上げた額）から**基準財政収入額**（住民税などの標準的な税収入等を積み上げた額）を差し引いた財源不足額が地方交付税交付金として自治体に歳入されます（次図を参照）。

しかし、自治体ごとに人口規模が違うのはもちろん、同じ人口でも、例えば「小中学校の学校数・学級数が異なる」「学区域が広ければスクールバスを運行する場合もある」「雪が多い地域では除雪費用がかかる」など、それぞれ事情が異なります。そのため、各事業に応じた単位費用に、小中学校でいえば学校数や学級数、児童・生徒数等の測定単位、積雪等に応じた補正係数をかけて

地方交付税の仕組み

国

法定5税を徴収

所得税・法人税の33.1%、酒税の50%、消費税の19.5%、地方法人税の全額

納税者

地方交付税として配分

自治体に代わって国が徴収した法定5税を地方交付税として各自治体に配分

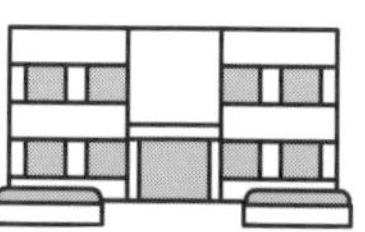

自治体

普通交付税の算定方法

[基準財政需要額－基準財政収入額＝財源不足額]

基準財政需要額＝単位費用×測定単位×補正係数

消防費	土木費	教育費	厚生費	産業経済費	・・・	公債費

基準財政収入額
＝[法定普通税＋税交付金（利子割交付金など）＋地方特例交付金]×75%
＋地方譲与税＋交通安全対策特別交付金

財源不足額

普通交付税の算定方法の基本的な考え方は、都道府県と市町村に差はありませんが、事務の違いから基準財政需要額の対象とする費目が、税目等の違いから基準財政収入額の対象となる税等が異なります。

積算します。計算の結果、財源不足額がある団体を普通交付税の**交付団体**、財源不足額がない団体を普通交付税の**不交付団体**といいます。財政担当課から地方交付税算定の調査依頼がありますが、それは、こういった複雑な計算の一部だったのです。

なお、平成13年度からは地方交付税の財源(法定5税)の不足等を理由に、国が自治体に配分できなくなった不足額を国と地方で半分ずつ負担し(**折半ルール**)、地方分は各自治体が**臨時財政対策債**という地方債の発行(借金)で立て替えることになりました。ただし、地方債の発行だけでは自治体の負担が増えてしまうため返済(償還)年度の基準財政需要額に償還額を全額算入(加算)することで自治体の負担を軽減するものです。つまり交付税としての交付を先送りする制度といえます。

また、突然の大雪など、基準財政需要額で把握しきれない特殊な財政需要に対して交付される特別交付税があります。普通交付税の不交付団体でも、特別な事情に該当した場合は特別交付税が交付されます。

地方交付税には、国税を自治体に配分している外形や、いわゆるバラマキ等を背景にした地方富裕論等を根拠にした根強い削減論があることにも留意が必要です。

地方交付税のまとめ

地方交付税は地方固有の財源(一般財源)。自治体の財源不足額を交付する制度であり、地方交付税という税は存在しません。

POINT

- 財源不足額の算定方法は複雑だが、様々な事情や努力が考慮される仕組みになっている
- 突然の大雪などの特殊な財政需要に対しては、特別交付税が交付される

財政が厳しいときは借金できるの？

国の借金である赤字国債の残高が膨れ上がっているという報道を見ました。自治体も国と同じように、借金してもよいのでしょうか？

● 自治体は借金を禁止されている!?

理論上、自治体の借金は大きく3種類に分けることができます。

①　一時的な現金不足のため、一時的に借り入れて年度内に返済する**一時借入金**

②　資産形成のために借り入れて、年度を越えて返済する**建設地方債**

③　財源不足のために借り入れて、年度を越えて返済する**赤字地方債**

地方財政法第5条では、自治体は「地方債以外の歳入をもつて、その財源としなければならない」と、明確に**地方債**（**借金**）**の発行を禁止**しています。冒頭の3種類のうち、①は財源としての借金ではなく資金繰りなので禁止されていません。②と③は原則禁止なのですが、同条ただし書きで規定する、次の5項目に該当する場合は、例外的に借金（5条債を発行）することができます。

ア　（交通、水道、病院等の独立採算性の高い）公営企業の財源とする場合：公営企業債

イ　（民間や公営企業等への）出資金・貸付金の財源とする場合：出資債・貸付債
ウ　（返済期間がより長期な、または低利な）地方債の借換えの財源とする場合：借換債
エ　災害復旧の財源とする場合：災害復旧事業等債
オ　インフラや公共施設等の整備（普通建設事業費）の財源とする場合：建設地方債

つまり、赤字国債を発行できる国家財政とは違い、公営企業を除いた自治体財政では、③の財源不足を理由とする**赤字地方債は認められていません**。自治体（一般会計）で発行できるイ～オの地方債のうち、最もポピュラーなのは、オの建設地方債です。また、財政富裕団体であっても借入れを行うことがありますが、これは、多額の費用を要する公共施設等の整備の財源は実際に利用する年度の住民も応分の負担をすべきという**世代間の負担の公平性**の観点があるからです。

なお、さらなる例外として、国家財政上の都合等により、別途特例法等に基づき、広義の赤字地方債としての臨時財政対策債や過疎債などを発行できる場合があります。

●国は自治体に借金させたいのか、それとも借金させたくないのか？

地方債を発行（借金）すれば、財源が不足していてもインフラや施設の整備が可能になります。ただし、国は整備内容や国庫補助制度の有無などに従い、細かく地方債のメニューを定め、事業費に対して一定の割合（**充当率**）以上は地方債を発行できない仕組みにしています。つまり、自治

地方債の仕組み

※市町村を例とした建設地方債のイメージ

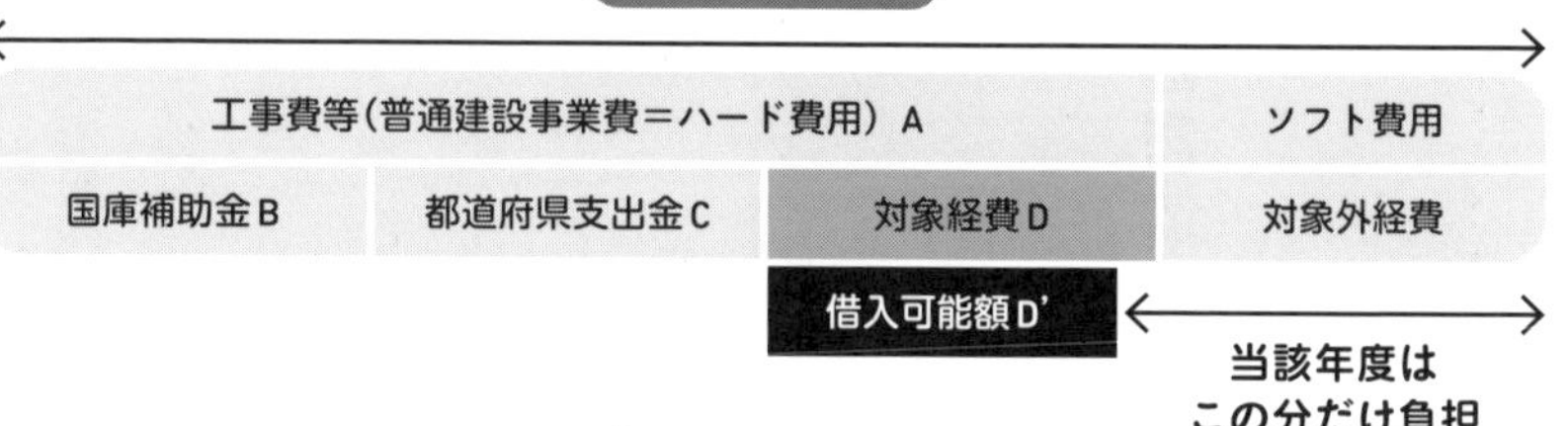

借入可能額D'
＝(工事費等A－国庫支出金B－都道府県支出金C)×充当率

世代間の負担の公平性

例1:保育園の建設費用を20年間積み立ててから整備
例2:保育園の建設費用を地方債として借り入れて整備し、20年間かけて返済

［ 保育園のライフサイクル(イメージ) ］

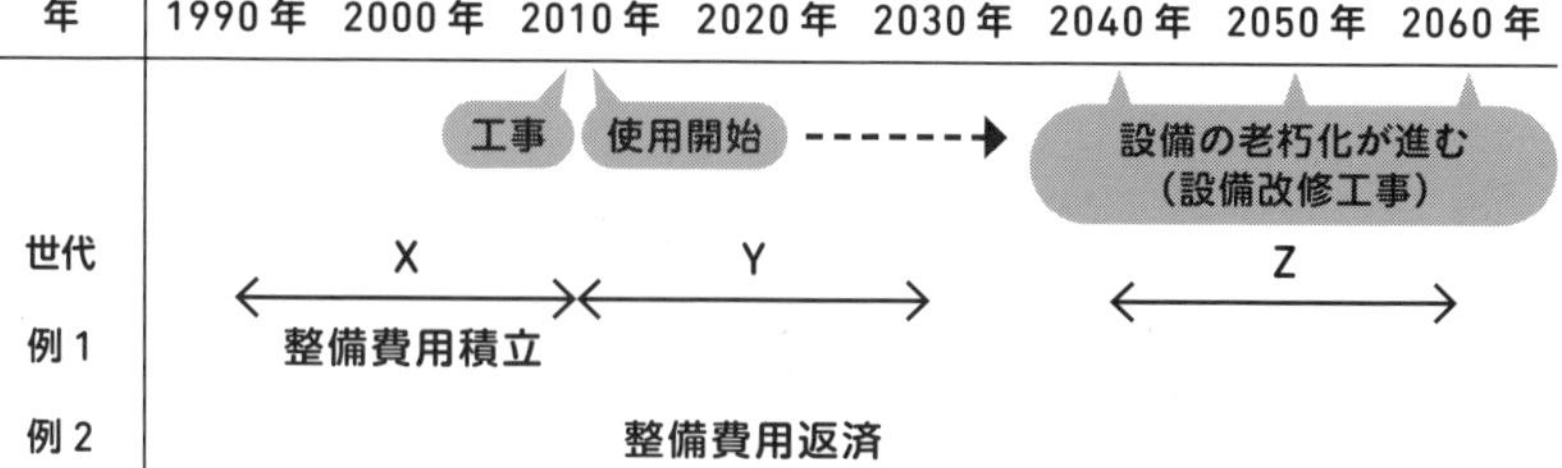

※上図は簡略化したイメージであり、実際には全額借入で施設整備を行えないため、財源の一部に積立金を充てることもあります。

例1の場合、施設を使わないX世代が保育園の整備費用を負担し、施設を利用するY世代が整備費用を負担しないことになりますが、例2 の場合は実際に利用するY世代が保育園の整備費用を負担(Z世代は設備改修工事の費用を負担)することで世代間の負担の公平性が図られています。

体が安易に負担を先送りにした過大な予算編成を行うことを抑制しているのです。

一方で、前項で説明した臨時財政対策債のように、当該年度の返済（元利償還）額が地方交付税の基準財政需要額に反映される仕組みがある地方債メニューもありますが、**交付税算入率**（後年度に元利償還金のうち交付税として算入する割合）はそれぞれ異なります。

また、必ず基準財政需要額に算入されるものと、補正係数等の計算結果によっては基準財政需要額に反映されないものの2種類がありますが、将来の財政負担が軽減されるイメージが自治体の判断に影響を与えることは否めません。

なお、経済対策等のために国が補正予算等を編成した場合には、補助金の上乗せだけでなく、地方債の充当率や交付税算入率が上乗せされる（**補正予算債**）ことがあります。補正予算債では、充当率を超えてさらに地方債を発行できる資金手当措置（交付税算入はされない）がとられる場合もあり、自治体の事業実施意欲を刺激する仕組みとなっています。借金は原則禁止のはずが、いろいろと充実していて不思議ですね。

地方債のまとめ

地方財政法第5条では地方債の発行は禁止。同条ただし書きで例外的に認められています。国と違い、単純な財源不足を理由とする赤字地方債は原則認められていません。

POINT

- 地方債の発行を前提とした安易な施設整備とならないよう、充当率等の制限がある
- 財源に余裕があっても世代間の負担の公平性の観点から借入れを実施することもある

5

財政が厳しいときは貯金を崩せばよいのでは？

自治体にも貯金があり、その額が相当に積み上がっていると報道されています。財政が厳しいなら取り崩せばよいのになぜなのでしょうか？

●使い道が決められていない貯金はたった1つしかない!?

自治体の貯金のことを基金といいます。基金のうち、財政調整基金や災害救助基金などは設置が義務付けられています。その他多くの基金は、各自治体が特定の目的のために設置（積立て・取崩し）することができると地方自治法で規定しています。また、いわゆる自治体の予算である一般会計以外に、公営企業会計などの特別会計でも基金を設置することができます。そのため、**基金の種類や数は各自治体により異なる**のですが、大きく分けると次の3種類に分けられます。

① **財政調整基金**（財源が多い年度は積み立て、財源が少ない年度は取り崩して、年度間の財源の不均衡を調整する基金。地方財政法で設置の義務付けがあります）

② **減債基金**（債券市場で資金調達した場合等、返済期限の満期までは利払いのみを行い、満期に元本を一括で返済する方法を選択した場合に、返済に備えて計画的に積み立てる基金）

③ **その他の基金**（庁舎整備、公共施設整備、社会福祉の充実、教育振興、災害救助等のための基金）

このうち、①財政調整基金の目的の1つは財源が少ないときに取り崩すことなので、財政が厳しいときには使い道を限定せずに取り崩せます。一方で、②減債基金や③その他の基金は条例で定められた特定目的に必要な金額以上に取り崩すことはできません。つまり、どんなに自治体全体に基金残高があっても、**財政調整基金の残高が少なければ財政に余裕はない**のです。

● お金の積み立て方、崩し方にも決まりがある

地方財政法では、決算剰余金（じょうよきん）の2分の1以上を翌々年度までに基金に積み立てる、もしくは地方債の繰上げ償還に充てるよう定めています。地方債の繰上げ償還は、借入契約によりできないことが多いため、結果的に多くの自治体では基金の積立てを選択します。自治体の多くは黒字決算のため、基金は半ば自動的に毎年度積み立てられ、財政の健全性が保たれる仕組みです。

積立てというと貯金のイメージが強いと思いますが、地方自治法では基金を確実かつ効率的に運用することが定められているだけです。多くの自治体では各基金を指定金融機関や地域の金融機関に貯金していますが、その他に国債や他団体の地方債、社債等の債権で運用する場合や、土地等の財産を維持することを目的に、土地等の資産を現物として運用している場合もあります。

また、いわゆる貯金のように必要ならば全額を取り崩すこともありうる基金（**積立基金**）以外に、

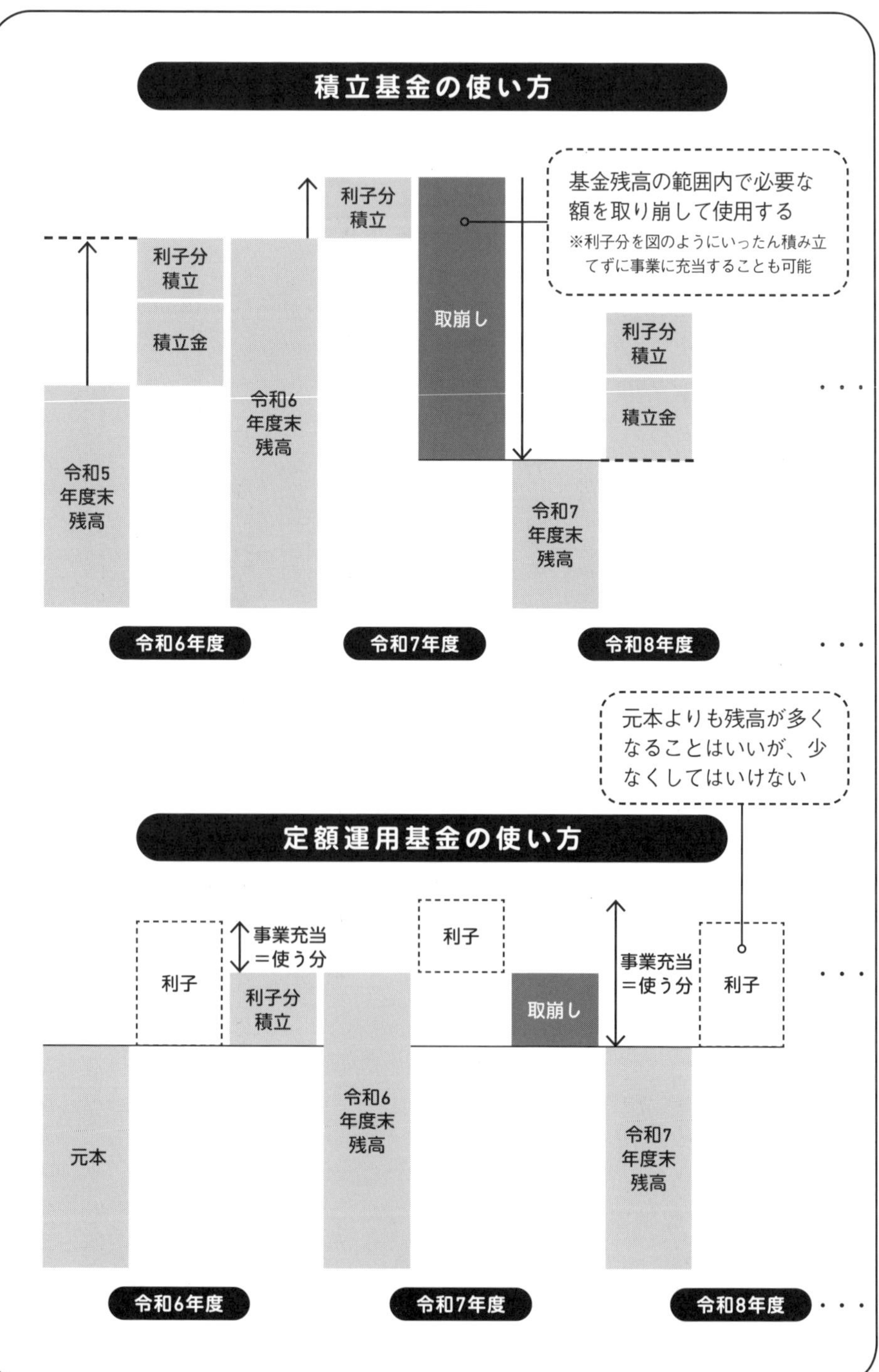
積立基金の使い方
基金残高の範囲内で必要な額を取り崩して使用する
※利子分を図のようにいったん積み立てずに事業に充当することも可能
利子分
積立
積立金
令和5
年度末
残高
令和6
年度末
残高
利子分
積立
取崩し
利子分
積立
積立金
令和7
年度末
残高
令和6年度
令和7年度
令和8年度
元本よりも残高が多くなることはいいが、少なくしてはいけない
定額運用基金の使い方
利子
事業充当
＝使う分
利子分
積立
利子
取崩し
事業充当
＝使う分
利子
元本
令和6
年度末
残高
令和7
年度末
残高
令和6年度
令和7年度
令和8年度

積み立てた一定額（元本）の運用益（利子）だけを取り崩す基金（**定額運用基金**）もあります。

基金の積立ては歳出予算に、取崩しは歳入予算に必要額を計上しますが、貯金して運用している場合は、その利子も積み立てます。そのため、金利が上昇した際は、特に利子分積立て＝「歳出」予算補正の必要性があるということを忘れずに検討しましょう。

また一時的な資金繰りにあたっては、金融機関から一時借入金として借金する以外に、基金から現金を借りる（金融機関に預けた基金口座から現金を引き出す）方法があります（**基金の繰替運用**）。年度内にその期間中の利子相当額を加えて、返済しなければならないので、利子相当額の費用は、一時借入金利子に含めて予算計上しておきます。なお、基金を一時的に借りるだけであって財源とはしていないので、財政調整基金以外でも繰替運用を行うことは可能です。

基金残高が多いことは財政運営の安定性につながりますが、使い道が限定されない財政調整基金の残高が多いときは、提供可能であった住民サービスを必要以上に絞った結果であるとみられてしまう場合もあります。財政運営のバランスはとても難しいのです。

基金のまとめ

基金は特定目的のために積み立て、その目的のために取り崩すのが基本。財政が厳しい時に自由に使えるのは財政調整基金だけです。

POINT

- **積立て額は歳出予算、取崩し額は歳入予算に計上する必要がある**
- **一時的な資金繰りである基金の繰替運用は、財政調整基金以外でも可能**

6 自治体の予算にはどんな種類があるの？

予算にもいろいろ種類があるのはわかっているのですが、きちんと理解できていません。どんな区分があるのでしょうか？

●自治体の予算＝一般会計だけではない

自治体の会計は、本来1つの会計・予算で経理すべきとされています（**単一予算主義の原則**）。しかし、予算を別に区分して管理する必要がある場合は、各自治体が条例で特別会計（特会）を設置することができます。また、公営事業（国民健康保険や介護保険など、公でしか担えない事業）や公営企業（水道や病院など民間でも担える事業）は法令で特別会計の設置が定められています。

そのため、**会計区分の仕方や数は各自治体により異なります**が、主に次の3種類に大別されます。

① 一般会計（いわゆる自治体の予算。特別会計以外のすべての歳入歳出予算を含む会計）

② 特定の事業を行う場合（国民健康保険事業、介護保険事業、水道事業などの特別会計）

③ 特定の歳入を特定の歳出に充てることを区分する必要がある場合（貸付資金などの特別会計）

このうち、③は市町村では該当する歳入がないなどの理由で設置されていない場合もあります。

各会計で独立した予算を持ちますが、特別会計の財源不足を一般会計から補うことがあります。この場合は、一般会計から**特別会計繰出金**（くりだしきん）として支出し、特別会計は**一般会計繰入金**（くりいれきん）として収入して財源不足を補います。特に法律で定められた一般会計から特別会計への財政支援としての繰出（入）金を法定内繰出（入）金または基準内繰出（入）金といい、その他**歳入不足に対する繰出（入）金を赤字繰出（入）金**、または法定外繰出（入）金、基準外繰出（入）金といいます。赤字繰出（入）金が常態化している特別会計は、料金等の値上げや経営のスリム化等の見直し対象とされることがよくあります。

なお、特会の決算余剰金を返却する場合など、お金の流れが逆の場合は、特別会計から**一般会計繰出金**として支出し、一般会計は**特別会計繰入金**として収入します。

● 策定の時期や内容によっても異なる予算

秋（自治体によっては夏）から冬にかけ、予算額を見積もったり、財政担当課から資料を求められたりしながら行う、いわゆる予算要求。これは一会計年度の初めから終わりまで、各会計のすべての歳入・歳出を見込む、**当初予算**（**本予算**）に向けた作業です。当初予算は、その名のとおり年度の当初に作成する予算ですが、年度が進むにつれて歳出予算の不足が見込まれることがあります。こうした年度内の事情の変化に応じて、年度途中に歳入・歳出額を増額・減額修正するの

一般会計と特別会計の繰入金・繰出金の関係

一般会計	●●特別会計
歳入	歳入
●●特別会計繰入金 □千円	一般会計繰入金 ○千円
歳出	歳出
●●特別会計繰出金 ○千円	一般会計繰出金 □千円

当初予算と補正予算の関係

・補正予算は番号をつけて区別される　　例：一般会計補正予算(第1 号)
・補正予算は増額だけでなく減額の場合もある

骨格予算と肉付け予算の関係

肉付け予算(補正予算)
※政策的経費を追加

骨格予算(当初予算)
※市民生活に不可欠な経費、給与等

本予算

暫定予算と本予算の関係

暫定予算
※市民生活に不可欠な経費、
給与等
※●月までの期間限定

当初予算＝本予算
※政策的経費を含んだ●月以降の経費
＋暫定予算(●月まで)の経費

4月　●月　翌3月

が**補正予算**です。補正予算は議会の議決を得ると、本予算に吸収（当初予算＋補正予算＝予算総額）されます。

首長の改選を目前に控えている場合には、政策的な判断がしにくいため、当初予算に政策的経費を予算計上せず、市民生活に不可欠な経費や給与等のみを計上した**骨格予算**を編成することがあります。その後に政策的経費を計上した補正予算を**肉付け予算**といいます。

また、首長が就任したばかりで政策的経費を組み込んだ当初予算を編成できないときや、当初予算が議会に否決された場合などに、数か月間分のつなぎ予算として、市民生活に不可欠な経費や給与等を計上する**暫定予算**を編成することもあります。

この場合は、その後に政策的経費を組み込んだ当初予算を編成し、議会の議決を得ると、暫定予算は当初予算に吸収（暫定予算と科目や金額に矛盾がないように編成）されます。骨格予算や暫定予算は通常の予算編成とは対象経費や対象期間が異なるため、予算要求や、予算成立に伴って実施する契約締結には注意が必要です。

POINT

- 当初予算額に現時点までに議決されたすべての補正予算額を加えたものが予算総額
- 骨格予算、肉付け予算、暫定予算は対象経費や対象期間が異なるため注意が必要

予算の種類のまとめ

自治体の予算には一般会計予算の他に、特別会計予算があります。いわゆる予算要求は当初予算のためのもの。その予算を年度中に修正するのが補正予算です。

私の失敗談 1 ｜ たくさんの借金

私は2006年から６年間、財政課に在籍していました。当時は折しも北海道夕張市の財政破綻が世間を賑わせていた時期。私は市の財政状況をわかりやすくまとめた財政白書の作成を担当しており、住民向けの出前講座にも出席していました。

ある団体のお誘いを受けて出前講座を開催したときのことです。１人の市民の方が「夕張市よりも西東京市の借金の額（地方債残高）が多いから、西東京市は財政破綻の危機にあるんじゃないか」と仰ったのです。平成13年に田無市と保谷市の合併で誕生した西東京市は、当時、合併特例債を活用した様々な公共施設、都市計画道路の整備等を進めていました。そのため、年々地方債残高が増加しており、その後もしばらく地方債残高が増えていく見込みであると財政白書でも説明していたことで、余計な不安を抱かせてしまったようでした。合併特例債は交付税算入率が高く、公債費償還にあたっては多額の交付税算入（国の財源保障）があることを説明したものの、納得していただくことはできませんでした。

そこで、翌年の財政白書ではこの件をコラムで大きく取り上げ、両市の標準財政規模の比較（西東京市は夕張市の７倍）、西東京市の規模に換算した場合の夕張市の負債総額、住民基本台帳人口１人当たりの負債額の比較（西東京市は夕張市の12分の１以下）を行うなど詳しく説明してみました。

その後、また同じ団体からの出前講座の依頼。コラムを用いた説明をしたところ、会の終了後にお１人が近づいてきて、「今回の説明はとてもよくわかった。西東京市はすぐに財政破綻はしなさそうだが、今後も気を引き締めて財政運営をしてください」と激励されました。説明の工夫、視点の置き方の大切さを学んだ出来事でした。

PART 2

予算はどうやって使うの？

自治体は、
予算に基づいて事業を行います。
そして、各課の職員がまず経験するのは、
予算を「作る」ことよりも、
まず「使う」こと。
予算を使うときにはどうすればよいのか、
収入・支出の手続きはどのようにすればいいのか？
予算執行・会計事務をおさらいしましょう。

1

予算書はどうやって読めばいいの？

予算書を読もうと思っても、量も多いし中身も複雑でよくわかりません。基本的な読み方を教えてください。

● 予算（議決科目）と予算説明書（執行科目）

自治体の予算書の表紙には、「○○予算及び同説明書」などと書かれているのが一般的です。つまり、予算書は大きく分けて2部構成になっています。

まず予算書本体には、①歳入歳出予算、②継続費、③繰越明許費、④債務負担行為、⑤地方債、⑥一時借入金、⑦歳出予算の各項の経費の金額の流用という7つの事項について条文形式で記載されています（②～⑤は該当がない場合は記載されない）。そのうえで、①～⑤について、それぞれ一覧表が載っており、この一覧表までが議決科目（議決の対象）です。そこから先は「予算説明書」であり、中でも日頃私たちが執行科目の内容確認をするのが、**歳入歳出予算事項別明細書**です。

歳入歳出予算事項別説明書は、財源である歳入と、支出根拠である歳出に分かれ、それぞれ**千円単位で予算額が記載されます**。歳入予算事項別明細書では、最上位区分の**「款」から始まり、次**

予算書の構成

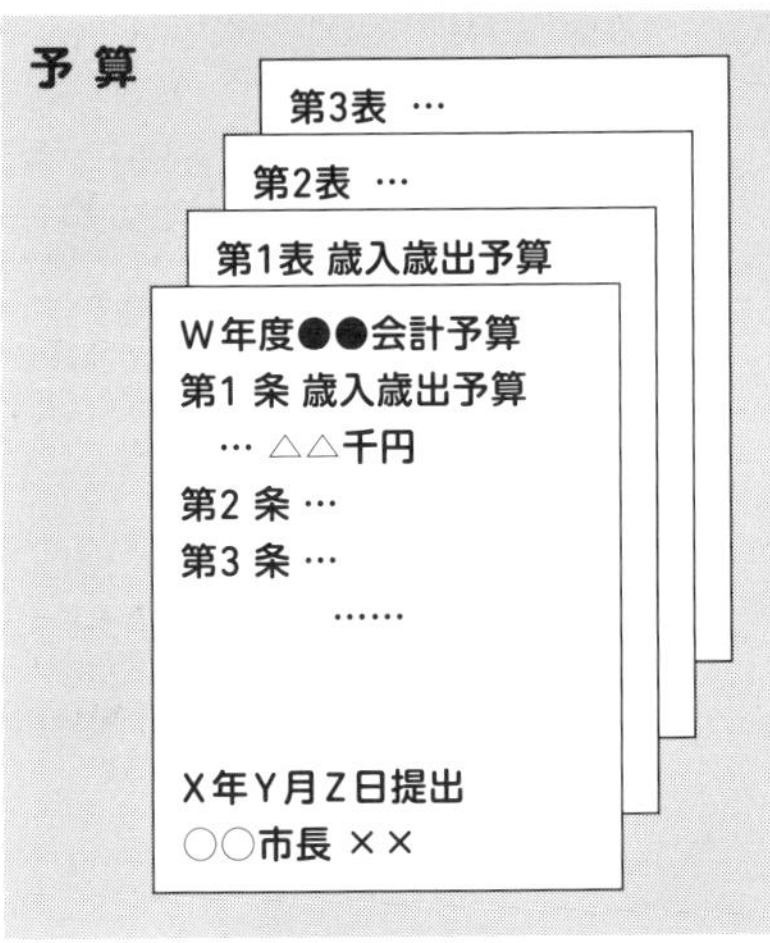

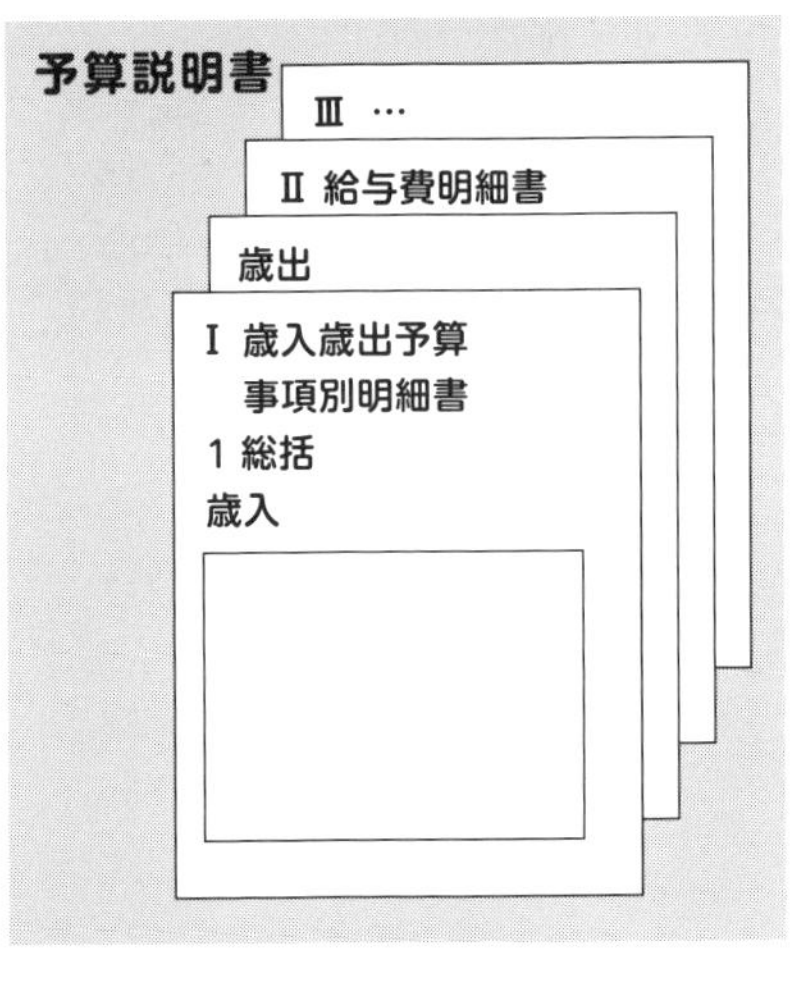

歳入予算事項別説明書（抜粋）

第14款 国庫支出金

（単位：千円）

科目 款	項	目	本年度予算額	節 区分	節 金額	説明欄
14 国庫支出金			XX,XXX			
	2 国庫負担金		XX,XXX			
		3 民生費国庫補助金	XX,XXX	6 保育対策総合支援事業補助金	XX,XXX	

歳出予算事項別説明書（抜粋）

第3 款 民生費

（単位：千円）

科目 款	項	目	本年度予算額	特定財源 国庫支出金	特定財源 地方債	一般財源	説明欄
3 民生費			XX,XXX	XX,XXX	XX,XXX	XX,XXX	
	2 児童福祉費		XX,XXX	XX,XXX	XX,XXX	XX,XXX	
		4 保育園費金	XX,XXX	XX,XXX	XX,XXX	XX,XXX	10 需用費 … 消耗品費 … 印刷製本費 … 修繕料 …

標準例に基づき例を作成しましたが、工夫している自治体もあります。

予算書で執行科目を確認する箇所と流用

第2款 総務費 (単位：千円)

項	目	本年度予算額	説明欄
2 徴税費		XX,XXX	
	1 徴収総務費	XX,XXX	10 需用費 X,XXX 消耗品費 X,XXX 燃料費 X,XXX 12 委託料 X,XXX
	2 賦課徴収費	XX,XXX	10 需用費 X,XXX 消耗品費 X,XXX
3 戸籍住民台帳費		XX,XXX	
	1 戸籍住民台帳費	XX,XXX	10 需用費 X,XXX 消耗品費 X,XXX 12 委託料 X,XXX

形式はいろいろあるが、執行科目として見るのは一番右側の科目と金額

○ 項の中の移動のため、予算の流用可能

× 項をまたいだ移動のため、予算の流用不可

いで「項」「目」「節」の順に性質別に（「委託料」「扶助費」など経済的性質を基準として）区分すると地方自治法に定められています（予算統一の原則）。 区分と名称は基準が定められていますが、一部の節の区分と名称は自治体の長が定めます。

例えば、「第14款　国庫支出金」➡「2項　国庫補助金」➡「3目　民生費国庫補助金」➡「6節　保育対策総合支援事業補助金」という具合です。自治体によってはさらに説明欄を設けたり、その歳入が特定財源の場合は使途（財源充当先の歳出科目や事業名と金額）を記載する場合もあります。

歳出も基本的な考え方は歳入と同じですが、予算書の歳出予算事項別明細書では「款」「項」「目」までは目的別に（「土木費」「民生費」など行政目的を基準として）分類し、**節は性質別に区分すること（節別予算）、**説明欄に記載する**節の内訳の基準が定められていることが異なります。**

節を性質別に区分することで、人件費や工事請負費等の節を集計し、性質別歳出の総額を把握することができます。歳入の事項別明細書と同様に、説明欄を設けたり、事業別に区分したりする（**事業別予算**）などの工夫をしている自治体もあります。

● 予算流用のルール

歳出予算のうち「款」「項」は議決科目であり、相互の流用はできません。ただし、「項」をまたぐ予算の流用は予算書の「⑦歳出予算の各項の経費の金額の流用」であらかじめ規定すれば可能です。一般的には、人件費のみ項をまたぐ流用対象として規定されています。一方で、議決科目ではない同じ項の中身、つまり**「目」以下の科目は予算の流用が可能**です。

予算説明書には、この他、給与費に関する明細書等、継続費に関する調書、地方債現在高に関する調書、債務負担行為に関する調書、繰越明許費に関する調書などが掲載されるのが基本です。

POINT

- 予算の流用は、原則として議決事項の範囲外である目以下の科目でしか行えない
- 人件費などあらかじめ項をまたいだ流用を規定し、議決を得ている場合は、例外的に項をまたいだ流用が可能

予算書のまとめ

予算書は予算と予算説明書の２部構成。予算執行の際に確認するのは予算説明書のうち、歳入歳出予算事項別明細書です。

予算を使うときは、まず何をすればいいの？

予算書で予算の執行科目と予算額を把握しても、それが使える金額ではないと聞きました。どのように確認すればよいのでしょうか？

● 執行科目と予算現額・執行残額の確認

予算を使いたいときは、まず該当予算がそもそも存在するかどうかを確認します。前項で述べたとおり、歳出予算は「款」「項」「目」までは目的別とするものの、**「節」は性質別に区分**します。例えば住民税の徴収部門で、徴収業務の際に使用するボールペンならば、使用目的は徴税ですから予算科目は「第2款　総務費」➡「2項　徴税費」➡「1目　徴収事務費」です。そしてボールペンの性質は「10節　需要費」➡「説明欄　消耗品費」に該当します。現在ではほとんどの自治体で歳入・歳出をシステムで処理しているので、所属する課が所管する科目以外は選択できないように設定されています。それでも複数目的の事務を行っているときは、ボールペン等の購入でも目的によって執行科目が変わるということは覚えておきましょう。

次に予算現額と執行残額を確認します。当初予算で定めた予算額は、補正予算などによって増減するため、現時点での予算額を**予算現額**といいます。また予算現額のうち、まだ支出していない額を**執行残額**（または**未執行額・予算残額**）といいます。

●支出負担行為＝予算支出を予約しておく行為

執行残額を確認しても、その金額のすべてが使える金額とは限りません。なぜなら、すでに契約や補助金等の交付決定（補助決定）を行っているものの、まだ支払いが済んでいない案件があるかもしれないからです。担当者が複数いたり、庁舎が分かれていたりする場合などはその危険性が増しますが、これを防ぐ手段が**支出負担行為**（ししゅつふたんこうい）です。支出負担行為とは、契約や補助決定の段階で「この目的で○円使います」と予約しておくことで、**予算を超えた契約や補助決定を防ぐ**ものです。つまり予算現額から支出負担行為を除いた額（**支出負担行為残額**）が、実際に使うことができる額になります。なお、支出負担行為を契約や補助決定のどの段階で設定するかは、各自治体の予算取扱規則や支出負担行為取扱規則等で定められています。

実務の流れとしては、①支出負担行為残額（実際に使うことができる額）を確認➡②契約・補助決定等の支出の原因となる行為を行う（支出負担行為）➡③納品や実績報告等により債務が確定する（請求書の受領）➡④会計管理者へ支出を依頼する（支出命令）➡⑤会計管理者の審査➡⑥債権者へ支出（予算執行）の順で進めます。

予算の支出

	日付	予算額	支出負担行為	支出負担行為合計	支出負担行為残額	支出命令	支出命令合計	執行残額
	4/1	3,000		0	3,000		0	3,000
A	4/2		1,000	1,000	2,000		0	3,000
A	4/20			1,000	2,000	1,000	1,000	2,000
B	5/12		500	1,500	1,500		0	2,000
C	5/15		1,000	2,500	500	1,000	1,000	1,000

例 1

A を例にとる。4/2 に1,000 円の品を発注（支出の原因となる行為）したので、支出負担行為1,000 円を計上、支出負担行為残額が1,000 円減少した。4/20 に注文通りの品が納品されたことを確認（債務が確定）、請求書を受け取る。直ちに1,000 円の支出命令を行った。その結果、執行残額が1,000 円減少し2,000 円になった。

例 2

Cを例にとる。5/15 に来庁した業者に1,000 円の品を発注、その場で納品され（支出の原因となる行為と債務の確定が同時）、請求書を受け取る。直ちに1,000 円の支出負担行為兼支出命令を行った。その結果、支出負担行為残額と執行残額が1,000 円減少し、執行残額が1,000 円になった。

例 3

5/20 に1,000 円の品が必要になった。執行残額は1,000 円あるので発注しようとしたところ、係長から支出負担行為残額が不足するから購入できないと指摘を受ける。よく見ると5/12に発注した500 円のB の支払いが終了していないため、支出負担行為残額は500 円と、執行残額よりも500 円少なかった。

例えば分割払いが予定されている場合は、支出負担行為で年間の支出額を確定させ、債務の確定＝請求書を受け取る度に支出命令を行います。

なお、光熱水費の支払いや少額の消耗品の購入など、②支出の原因となる行為と③債務の確定がほぼ同時に発生する場合には、支出負担行為と支出命令を兼ねて行うことができます（**支出負担行為兼支出命令**）。請求と債務の確定がほぼ同時の場合に認められる例外的なものですが、取扱いの件数は、支出負担行為兼支出命令で行うほうが多いのが実態です。

また、支出の都度、予算現額（現時点での予算額）と支出負担行為残額（実際に使うことができる額）のバランスを確認しておくことも大切です。

特に人件費や扶助費、公債費などの義務的経費や光熱水費は、支払いを止めることができません。予算現額に占める支出負担行為残額が、月日の進行と比べて少なくなっている（＝バランスが悪くなっている）場合には、躊躇せず上司に報告し、財政担当課に補正予算等の必要性について相談しましょう。

予算執行のまとめ

当初予算、補正予算等を経た現時点での予算額が予算現額。実際に使うことができる予算額は、支出負担行為残額（予算現額－支出負担行為）です。

POINT

- 支出負担行為残額を確認してから、契約や補助決定事務を進めよう
- 予算現額と支出負担行為残額のバランスが崩れているときは、補正予算の必要性を検討しよう

3

その年の予算はいつまでに使えばいいの？

予算はいつまで有効なのでしょうか。予算が余ったら、翌年度にその分を上乗せして使えないのでしょうか？

●その年度の歳出はその年度の歳入で賄う

自治体の予算には、ある会計年度の歳出は、その会計年度の歳入で賄わなければならないという、**会計年度独立の原則**があります。

「その年に収めたお金は、その年に納めた住民のために使われるべきであり、ある年度の歳出経費を翌年度には使用することはできない」「翌年度の歳入を前年度の歳出に使うことはできない」というルールです。

その年度の予算でその年度の事業を行うことは当たり前のように思えますが、例えば予算に余裕があるからと、翌年度の分まで大量に消耗品や切手を購入する行為は会計年度独立の原則に反しています。また、前年度の余剰財源（決算上余ったお金）が繰り越される**前年度繰越金**は毎年度ある例外です。前年度繰越金とは逆に、前年度の歳入不足が判明したときは、出納整理期間（詳細は次頁を参照）中に翌年度の歳入を充てる**繰上充用**という例外もあります。これは翌年度の歳出予算に繰上充用を計上して、前年度の歳入に編入するものなので、その分翌年度の予算執行が苦しくなる劇薬のような手法であり、常用すべきではありません。

なお、混同されやすい考え方として、予算は会計年度ごとに作成し、次の会計年度以降の予算を拘束してはならないとする**予算の単年度主義**があります。「予算の議決は毎年度行うべきであり、議決により認められた歳出の権限はその年度限りのものである」「支出しなかった額はすべて不用額として、改めて予算の議決を必要とする」というルールです。

この2つのルールに共通する例外として、確保した財源ごと翌年度以降に繰り越し、複数年度に渡る事業を切れ目なく実施する**繰越明許費**、**債務負担行為**、**継続費の逓次繰越**があります（詳細は次項を参照）。

●会計年度と出納整理期間

自治体の会計年度は毎年4月1日に始まり、翌年3月31日に終わると定められていますが、民間企業と違うのは会計年度の終了後、5月31日までの**出納整理期間**が設けられていることです。出納整理期間とは、前会計年度末の3月31日までに確定した債権の未収、債務の未払いについて整理をする期間です。つまり、出納整理期間中は2か年度分の歳入・歳出が並行するため、債権・

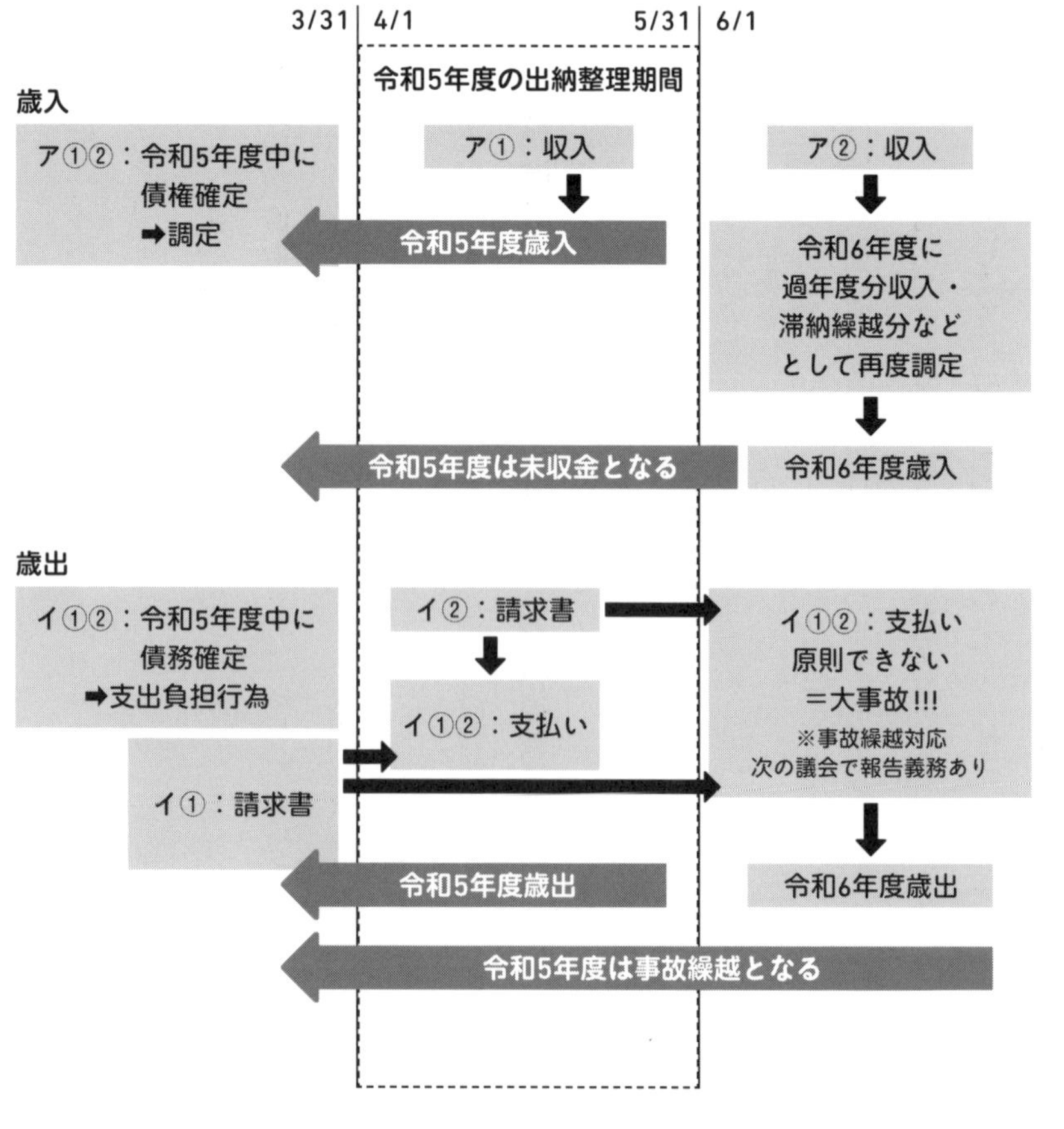
会計年度と出納整理期間
4/1
3/31
4/1
5/31
6/1
3/31
令和5年度
令和5年度の出納整理期間
令和6年度
出納整理期間の歳入・歳出の出入り
3/31
4/1
5/31
6/1
令和5年度の出納整理期間
歳入
ア①②：令和5年度中に
債権確定
➡調定
ア①：収入
令和5年度歳入
ア②：収入
令和6年度に
過年度分収入・
滞納繰越分など
として再度調定
令和5年度は未収金となる
令和6年度歳入
歳出
イ①②：令和5年度中に
債務確定
➡支出負担行為
イ②：請求書
イ①②：支払い
イ①：請求書
イ①②：支払い
原則できない
＝大事故!!!
※事故繰越対応
次の議会で報告義務あり
令和5年度歳出
令和6年度歳出
令和5年度は事故繰越となる

債務の確定日をよく確認して歳入・歳出手続きを行う必要があります。

出納整理期間中の注意点としては、次の3つが挙げられます。

- **前年度の支出負担行為や調定**（詳しくは本章[7]参照）**はできない**
- **4月以降に債権・債務が確定したものは「新年度予算」で対応**

＝前年度予算で歳入・歳出はできない

- **前年度末までに債権・債務が確定し、支出負担行為や調定を行ったものは「前年度予算」で対応**

＝新年度予算で歳入・歳出はできない

なお、出納整理期間で最も課題となるのが歳出で、前年度に支出負担行為をしているにもかかわらず、請求書が届かない場合です。出納整理期間を過ぎた支払いは原則できないので早め早めの対応が必要です。歳入については、未収になった場合でも翌年度に滞納繰越分として改めて調定を立てることができるので手続き上は大きな問題にはなりません。しかし、滞納は次なる滞納の呼び水となるので、なるべく出納整理期間までに収入できるように努めましょう。

POINT

- 出納整理期間中の歳入・歳出は債権・債務が確定した年度により歳入・歳出の年度を決める
- 支出負担行為を行った事業は出納整理期間終了までに必ず請求書を提出させて、支払いまで終えよう

出納整理期間のまとめ

出納整理期間は民間企業にはない考え方。事業者との会話や支払いでは注意しましょう。
予算が余りそうだからといって翌年度使用予定の消耗品等を購入するのはNGです。

年度内に事業が終わらない場合はどうすればいいの？

年度は3月31日で終わりますが、事業が3月31日までに終わるとは限りません。そういう場合はどうやって支払いをするのでしょうか？

● 大規模工事など当初から事業が終わらないとわかっているとき

学校や庁舎の建替えなど、工事期間が2年以上かかる大規模工事や、リース契約など契約期間が複数年度に渡ることが前提になる事業があります。こうした複数年度に渡る事業を切れ目なく実施するための仕組みとして、**債務負担行為**、**継続費**があります。どちらもその年度に必要な額を歳出予算に計上し、翌年度以降の必要額は予約するだけという共通点があります。

債務負担行為は、いつまで、どのくらい翌年度以降に必要なのか、つまり期間と限度額を示し、予算の議決を得ます。例えば、コピー機を令和5年度から令和9年度まで5年間リースする際には、2年目(令和6年度)から5年目(令和9年度)までを期間として設定し、同期間に必要になる金額の合計を限度額と定めます。これにより、今後のコピー機のリースのための歳出予算が予約される(当該年度予算で必ず確保しなくてはならない)ことになるわけです。

なお、現年度の予算をゼロとした債務負担行為を設定している自治体もあります（**ゼロ債務負担行為**）。契約手続き等の関係で発注までには一定の時間を要するため、春先は工事が少なくなりがちです。そこで現年度の歳出予算額が0円であっても、翌年度以降の債務負担行為を根拠に契約等の準備行為を行うことで、年度当初に偏りがちな契約等の事務負担を平準化することができます。また年度当初から工事が進められることで、事業者側も業務量が平準化されて受注しやすくなるメリットがあります。

継続費は、全体の事業費と各年度の事業費の内訳を定めて予算の議決を得るものです。例えば大規模工事を令和5年度以降の5か年で行う場合は、5か年（令和5年度から令和9年度）の総事業費と各年度の内訳（**年割額**）を定めます。債務負担行為との違いは、当該年度の歳出予算額を含むこと、歳出額が年割額を下回った場合、つまり**余剰額が発生したときは、最終年度まで何回でも逓次繰越できる**（**翌年度以降の年割額に上乗せして使える**）ことですが、実質的な差が少なく、継続費はあまり利用されていません。

● 大雪などで工事が予定どおりに終わらないとき

自治体の工事の多くは当該年度内に終える予定で進めますが、大雪などで進捗が遅れ、やむを得ず年度内に終了できないこともあり得ます。こうした際に行うのが、**予算の繰越制度**です。予

債務負担行為と継続費

事業年度が令和5年度から令和9年度までの5年間、毎年度の事業費が1,000千円で総事業費が5,000千円とした場合

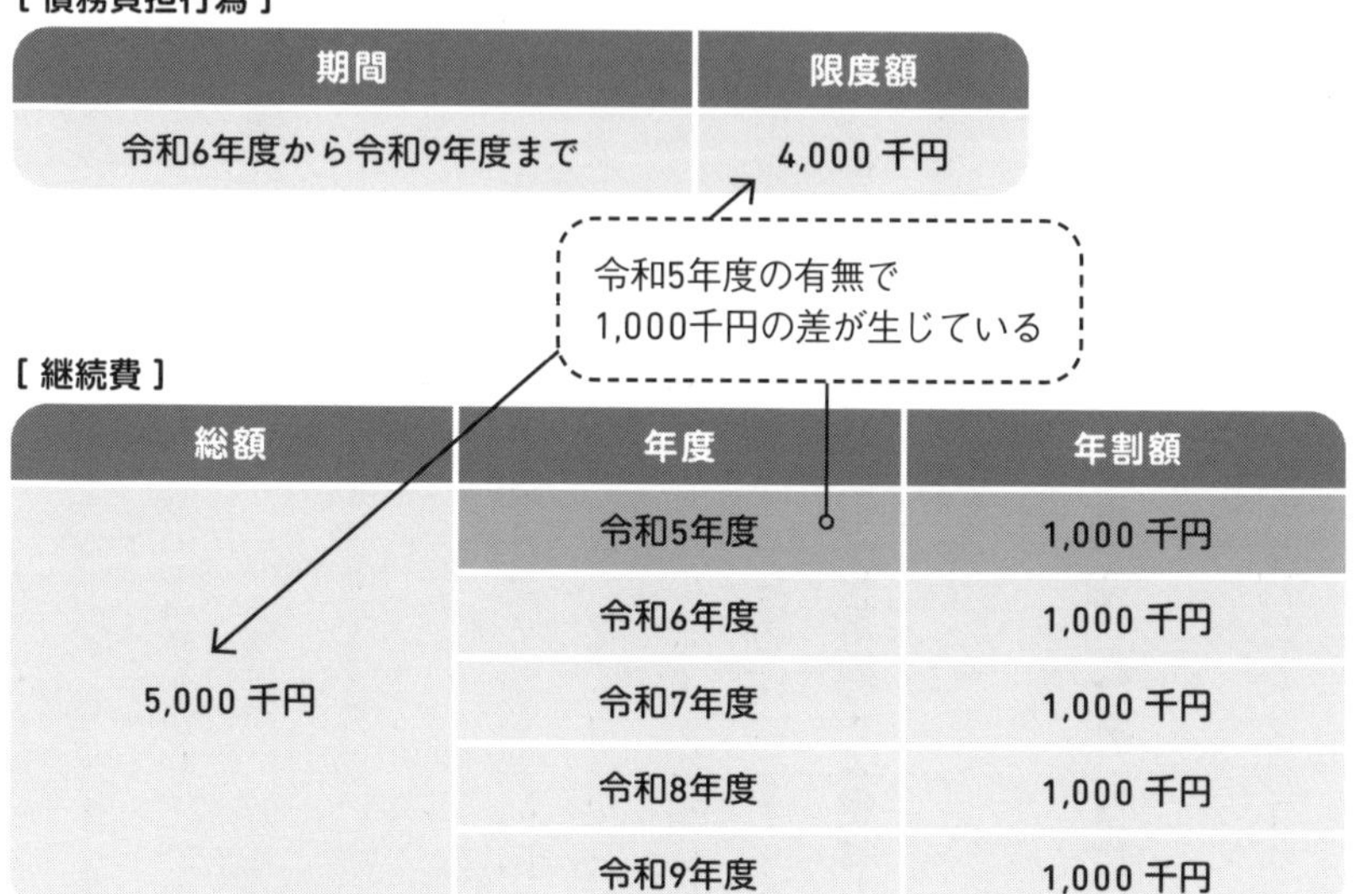

［債務負担行為］

期間	限度額
令和6年度から令和9年度まで	4,000 千円

［継続費］

総額	年度	年割額
5,000 千円	令和5年度	1,000 千円
	令和6年度	1,000 千円
	令和7年度	1,000 千円
	令和8年度	1,000 千円
	令和9年度	1,000 千円

繰越制度（繰越明許費と事故繰越）

歳出

支出負担行為5,000 千円（A）	
完了分3,000 千円（B）	未完了分2,000 千円（C）

歳入　（完了分）　国庫支出金 補助率1/2 ＝1,500千円
　　　（未完了分）国庫支出金 補助率1/2 ＝1,000千円（D）

国庫支出金の補助率が1/2 のため、未完了の事業2,000千円の1/2 ＝ 1,000千円と差し引いた1,000千円を一般財源として繰り越す。

繰越計算書（抄）　（単位：千円）

支出負担行為額（A）	支出済額（B）	未支出済額（C）	翌年度繰越額（C）	（C）の財源内訳 国庫支出金（D）	（C）の財源内訳 一般財源
5,000	3,000	2,000	2,000	1,000	1,000

算の繰越を行う場合は、**補正予算で繰越明許費**を設定するのが基本です。当該年度に事業が終わらず、翌年度に支払うことになる額を1回だけ財源と合わせて繰り越すことができます。財源と合わせてという特徴から、国庫補助金の事業採択がされた用地購入等が進まない場合などに、国庫補助金を翌債措置（国予算の繰越）により確保するため、繰越明許費を設定することもあります。

また、年度末ぎりぎりになって工事等が終わらない事態が判明し、補正予算を編成する時間がないときや、1回繰越明許費を設定して繰り越した事業を再度繰り越すときは、予算に定めることなく、避けがたい事故のため年度内に事業が終了しないもの（**事故繰越**）として財源とともに繰り越します。実情に即した取扱いのため、何度でも繰り越すことが可能です。

繰越明許費、事故繰越ともに、繰り越した後は、前年度から繰り越された事業と金額の一覧表（繰越計算書）を作成して議会に報告する義務があります。事故繰越は「事故」というだけあって、あまり望ましい取扱いではないため、議会に対して十分な理由と説明が求められます。

複数年度に渡る予算のまとめ

債務負担行為と継続費はともに翌年度以降の歳出予算額を拘束します。予定外に事業を繰り越す場合は、原則として繰越明許費で対応（1回限り）。事故繰越は望ましくないですが何度でも可能です。

POINT

- 継続費より債務負担行為のほうが使われている
- 事故繰越は議会の予算審議を通さずに、議会に報告として提出するため、十分な理由と説明が求められる

自治体はどうやってお金を管理しているの？

予算が決まっても、実際に使えるお金（自治体に手持ちの現金や普通預金の口座残高）がなければ支払いできません。お金はどのように管理して支出されるのでしょうか？

●予算と現金は別管理

自治体の予算は、議会の承認を経て4月1日から執行が始まります。当然4月1日に全額使い切ることはなく、事業の執行等に合わせて順次支出されます。

一方で、お金がなければ支払いはできないため、どの時期にどれくらいのお金を用意しなければならないかを把握する必要があります。そこで、必要な金額と時期を把握する仕組みとして、**予算の執行計画**（または**歳出予定表**）があります。基本的に四半期ごとに取りまとめますが、把握の方法や、支出の時期の細かさ等の詳細は、自治体ごとに異なります。

歳出の見込みが把握できたところで、その財源である収入見込みについても、どの時期にどのくらいの額が収入されるのかを把握しておく必要があります。この仕組みを**資金計画**（または**歳入予定表**）といいます。予算の執行計画と同様、把握の詳細は自治体ごとに異なります。

予算の執行計画と資金計画を比較した際に、ボーナスの支給時期などの歳出予定が歳入予定に先行してしまい、資金不足が予想されることが起こりえます。そういった一時的な資金不足に対して、会計・出納部門は一時借入金、基金の繰替運用、臨時財政対策債などの事業の進捗にかかわらず借入れできる地方債の発行等により補います。

いずれも借入期間に応じた利子が発生するため、最低限の額・期間に留めることが求められます。現場の職員が高い意識をもって協力し合い、特に多額の入出金の額・時期について綿密に見込んだ予算の執行計画と資金計画にしていくことが大切です。

● 債務が確定していない状況の支払いはどうするのか

本章2で歳出は債務が確定した時点で支出負担行為を行い、その後請求に応じて支払いをすると述べましたが、債務の確定を待ってから会計管理者が支払い行為を行うのでは、鉄道やバスの運賃、宿泊旅費、博物館や動物園の入場料等の支払いには間に合いません。少額の運賃等であれば職員が立替払いすることも可能そうですが、例えば多人数の遠足では負担が大きすぎます。

そこで、現金をあらかじめ預かり、現地で支払う仕組みが必要です。このような場合に使用する方法として、**概算払**（がいさん）、**前金払**（まえきん）、**資金前渡**（ぜんと）があります。

概算払・前金払は、債務の確定前に概算・前払いで支払う方法です。概算払は旅費、補助金・

現金の管理

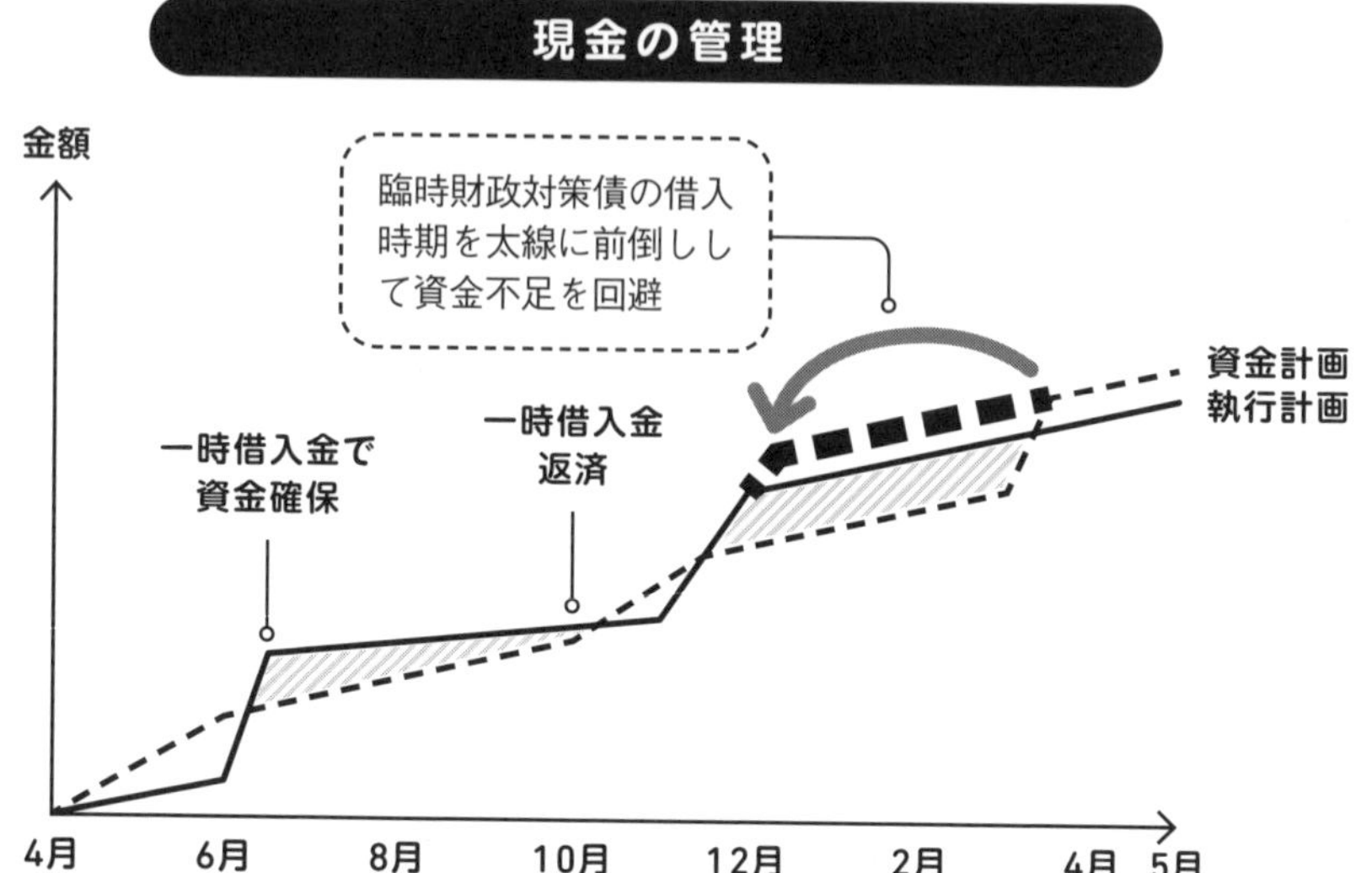

出納整理期間を経た年度末の決算時には資金計画で見込んだ金額(歳入見込み額)が執行計画の金額(歳出額)を上回り、形式収支は黒字となっているが、年間を細かく見ていくと、斜線部分 ▨ に該当する時期は資金不足に陥ることが見込まれる。この斜線部分 ▨ の時期に一時借入れや繰替運用、臨時財政対策債等の借入時期の前倒しなどで対応する。

航空運賃支払いを例にした前金払と資金前渡

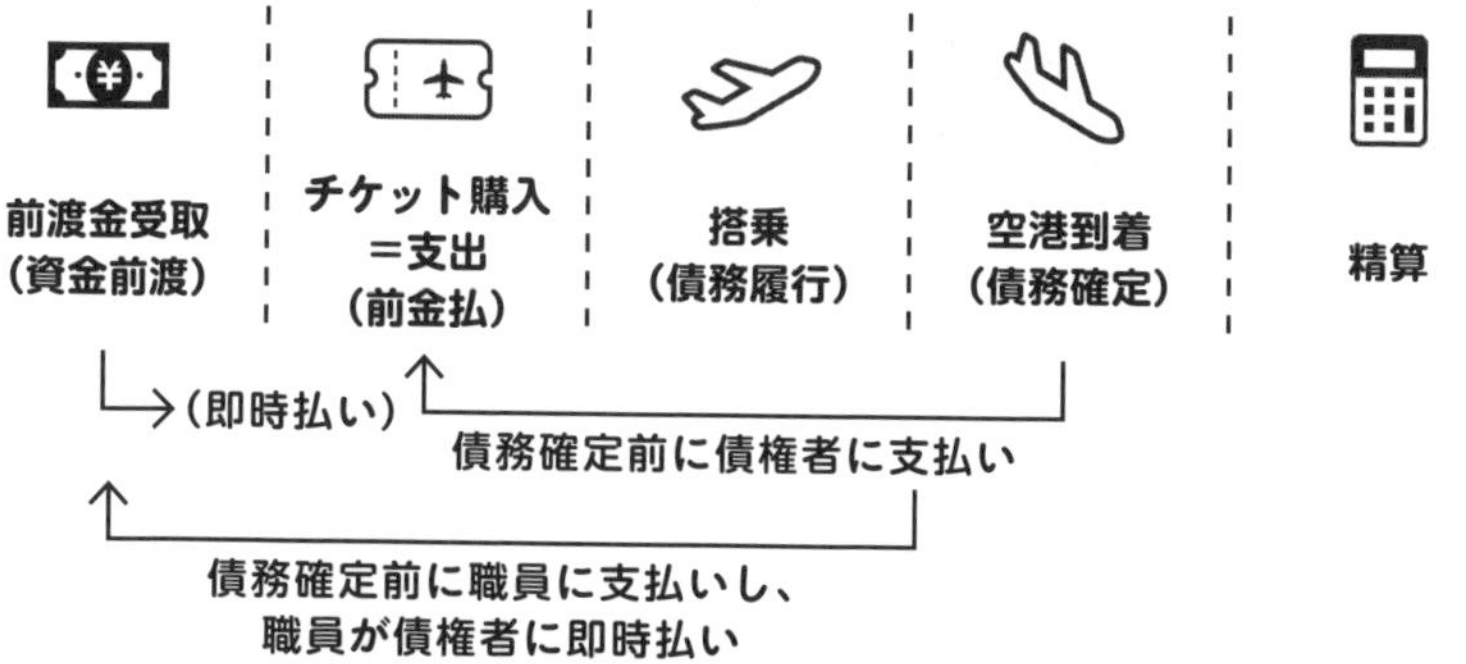

負担金・交付金、訴訟費用、社会保険診療報酬支払基金または国民健康保険団体連合会に対し支払う診療報酬、官公署に支払う経費などが対象です。前金払はあらかじめ金額が明らかになっている運賃、補助金・負担金・交付金、定期刊行物、ＮＨＫ受信料、土地又は家屋の買収の際に必要となる物件の移転料、外国で研究・調査する者に支払う費用、官公署に支払う経費などが対象となります。いずれも詳細は各自治体の規則で定められています。

資金前渡は、支払う金額をあらかじめ職員に現金で渡すことで行う方法で、概算払、前金払と組み合わせる場合もあります。外国や遠隔地での支払い、給与その他の給付、生活保護費のうち生活扶助費等、事業現場での支払い、非常災害のため即時払いが必要な時に執行可能ですが、詳細は各自治体の規則で定められています。資金前渡と概算払は精算行為が求められ、不用額がある際は返金の手続きが必要です。また資金前渡にはあらかじめ各自治体で定められた手続きが必要ですので、会計・出納部署に相談しましょう。

現金管理のまとめ

現金が動く予定は、予算の執行計画・資金計画（歳出・歳入予定表）で把握します。債務の確定前に支払いが必要な場合や、現地払いが必要な時は概算払や前金払、資金前渡で対応します。

POINT

- 多額の入出金の額・時期を綿密に見込むことで、不要な利払いの削減に貢献できる
- 資金前渡はあらかじめ手続きが必要なため、会計・出納部署への相談を忘れずに

予算が足りないとき、余ったときはどうするの？

しっかり見積りをしても様々な事情から予算が不足したり余ったりすることがあります。そういったときはどうすればよいのでしょうか？

● 予算が足りない事態は一刻も早く気がつこう

自治体の予算は、当該会計年度のすべての収入・支出を予算に計上しなければなりません（**総計予算主義の原則**）。そのため、1年間に必要な額をすべて見積もったうえで予算計上します。しかし、年度が進行して予算執行を重ねていくと、執行額の推移から考えて、歳出予算額が今後不足することが予想されるときがあります。このような場合、人件費や公債費、扶助費等の義務的経費は歳出予算額の確保が必須です。その他の政策的経費は、事業の性格を考慮したうえで歳出予算額をさらに確保すべきかを検討します。

例えば、当初予定していた内容の記念誌を物価高騰で作成できない場合、①歳出予算額を増やして当初見込んだ内容で作成するのか、あるいは②ページ数や発行部数を減らして歳出予算額の範囲内に収まるように調整するのか、議会や関係者等への説明状況等も踏まえて部署内で検討し、方針を決めて財政担当課と協議します。協議の結果、補正予算の編成、予算の流用、予備費充用等を行いますが、予算の範囲内に収める対応を求められる場合もあります。

歳入予算については、予算額を超えた歳入が可能なため、想定外の増収を受け入れることができます。実務上で困るのは、見込んでいた歳入予算額に収入が満たない場合です。生活保護費など歳出にひもづいた特定財源の場合は、歳出額の減少に連動して、歳入額が少なくなるので差し引けば自治体財政への影響は大きくありませんが、学校の建替えなどの特定財源として見込んでいた補助金が採択されなかった場合や、市税等の一般財源収入が大きく下回る場合などは、金額の大きさによっては自治体財政全体が財源不足に陥る可能性があります。補助金の申請が認められなかった場合は、まず財政担当課に相談し、事業の中止も含めて検討する必要があります。また、市税等の一般財源については、見込めなくなった収入額の大きさ等を勘案して財政担当課に相談し、補正予算の必要性を検討することになります。

議会の開催時期や補正予算の計上のタイミングは各自治体で決まっています。対応の遅れから大きな問題に発展することもあるため、早めの気づきと早めの報告が大切です。

● 予算で余った額をそのまま翌年度使えるわけじゃない

予算額は千円単位ですから、1円も残さず使い切るのは困難です。では、歳出予算の未執行額

予算が足りなくなりそうなとき

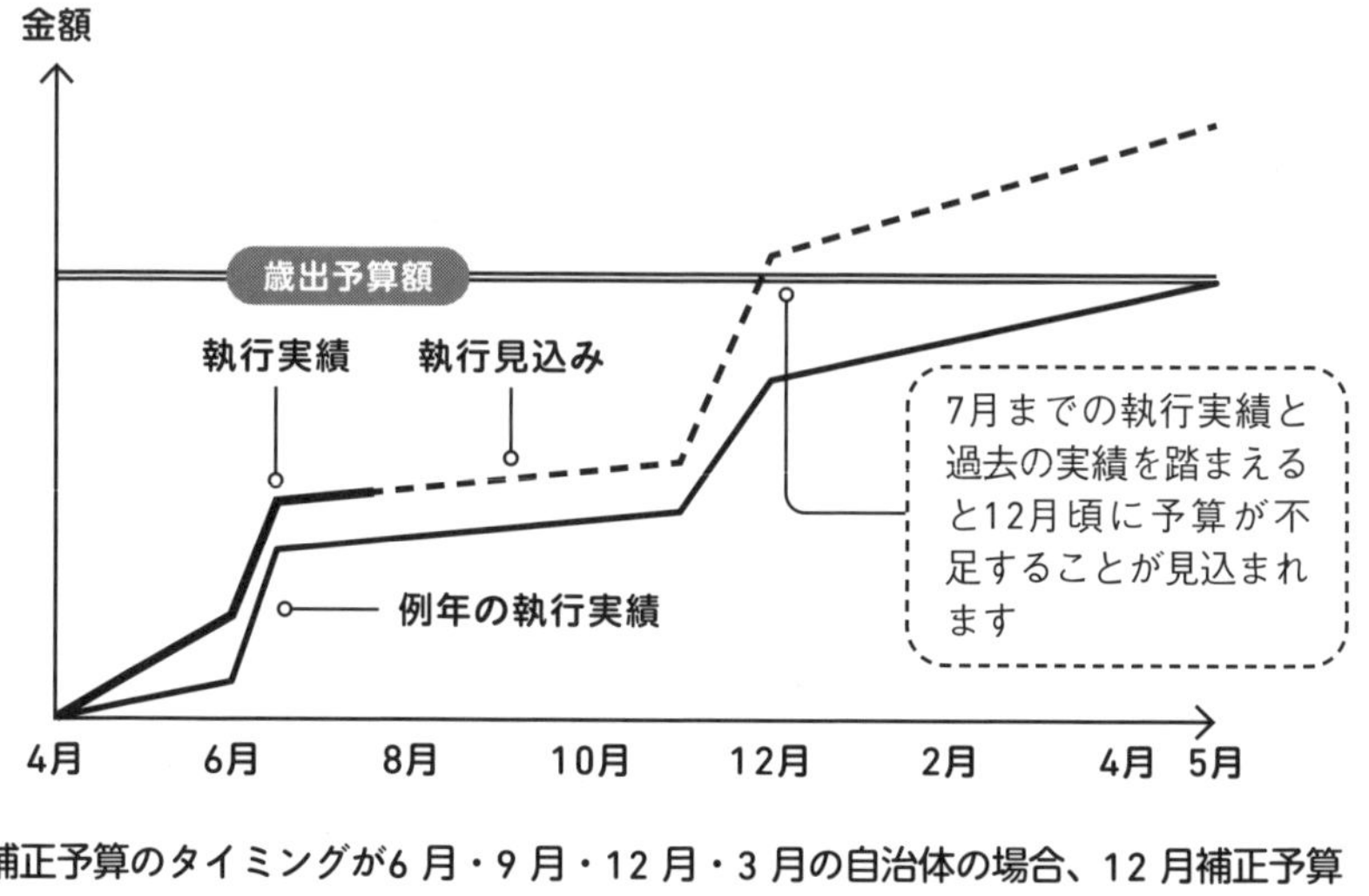

補正予算のタイミングが6 月・9 月・12 月・3 月の自治体の場合、12 月補正予算では議決日によっては執行に間に合わないことも考えられ、余裕を持った対応としては9 月補正予算対応となります。補正予算の調整はそれ以前に行うため、7月に気がついた本例の場合、財政担当課への相談は急を要する状況といえます。

未執行額が翌年度使える額にはならない

特定財源の補助率が100%のとき

[歳出]

予算額100 万円	
執行実績60 万円	未執行額40 万円

一見すると歳出に余剰額が発生しているように見える

[歳入]

予算額100 万円	
収入実績60 万円	収入未済額40 万円

歳出に連動して歳入も減少しているため、
歳出・歳入を差し引くと財源は1 円も余っていない

はどうなるのでしょうか。基本的に、余剰財源は翌年度に繰り越され、前年度繰越金として翌年度の歳入となります。ここで大事なのは**繰り越されるのは余剰財源であって歳出予算の未執行額ではない**ことです。**翌年度の財源として使える具体的な金額はプラスの実質収支額**となります。これは、事業に使うお金の予定である歳出予算が、収入の予定である歳入予算の実績にも左右されることを意味します。例えば国補助金の補助率が100％のときに、予算額100万円のうち執行実績が60万円の場合、未執行額である40万円が手元に余っているように感じますが、その場合、歳入予算も100万円の収入予定が60万円になる（先に100万円収入していても、後日40万円を国に返還することになる）ため、財源としては1円も余らないことになります。

つまり、自治体にとって補助金が充当されている予算はそれだけ節約の効果が薄くなりますが、効率的な行政運営は大切です。なぜなら、国の補助金の財源は国民が支払った税金か、国債（借金）で確保された財源だからです。したがって、皆さんの努力は、勤務する自治体以外の国民にも広く還元されているのです。

POINT

- 歳入・歳出ともに日頃から予算額と収入額・執行額の推移・バランスを把握しよう
- 歳出削減の努力はインセンティブがなくても市民、国民に還元される。日々努力を！

予算不足、余剰財源のまとめ

収入不足は事業の中止も選択肢に入れる必要があります。歳出予算不足も事業中断の恐れが。いずれも兆候が現れたらすぐに上司に報告しましょう。歳出予算の未執行額≠余剰財源額。歳入の動きにも要注目です。

収入するときにまず行うことは？

国庫補助金等や手数料などを担当課で収入する場合があります。どのような手続きを行えばよいのでしょうか？

● 歳入科目を探して、金額を確定させる

収入手続きは、まず**調定の手続き**を行い、調定に沿った納入通知書（納付書）を発行し、所定の金額を納めてもらうという流れが基本です。調定とは、自治体が**その収入に根拠（法令や契約）があるのか、いつ（所属年度）、何を（歳入科目）、誰が（納付義務者）、いくら（金額）納めるのか**を調査し、意思決定する行為です。

住民税（個人）や保育料などは、各期の納税額を納付額として記載した納付書を複数枚まとめて一度に、または期別に複数回に分けて対象者に送ります。つまり、調定額と個別の納付書の金額が一致しないことがありますが、納付書の納付金額欄の合計は調定額と一致します。「納付書を紛失した」という申し出があり該当する納付書を再送付した場合も、納める額自体は変わらないので、調定をやり直すことはありませんし、調定額にも変更はありません。

また、例えば納付書に基づかない証明書の発行手数料の納付や、納める日によって金額が変化する延滞金など、事前に調定手続きや納付書発行ができない場合もあります。このようなときは、証明書の発行や納付書の発行をもって同時に調定がなされたとみなし、事後に調定の伝票を作成することができます。事前の調定が漏れ、先に収入してしまった場合も同様です。

調定額の累積は徴収率や収入率のベースとなる数字です。調定した歳入が着実に収入されているかを確認し、未収の場合は速やかな支払いを督促することが、債権管理の基本です。

● 補助金の収入は手続き次第

国庫補助金（市町村ならば都道府県補助金）等も基本的な考え方は同じですが、住民税や証明書の手数料は自治体が決めた金額を納入してもらうのに対し、**国庫補助金等は、自治体の申請に対して、国等の意思決定に従う**点が大きく異なります。つまり、自治体が国庫補助金等を申請しても採択されなかったり、採択されても予算等の制約で金額が申請額を下回ったりすることもあります。また、交付決定通知に従って入金されるので、タイミング次第では事前に調定できないこともあります。納入通知書を発行せずに口座に入金されてくることも、手続き上の大きな違いです。

このように国庫補助金等の受動的な面が強い歳入であっても、自治体が能動的に動くことが大切です。まず、国庫補助金等は自治体の申請に応じて国等が審査して支払われるため、**補助対象**

収入の流れ

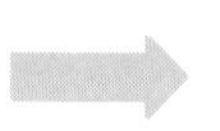

収入の根拠を調べて確認し、設定額＝収入予定額が定まる	期限を定め、納入義務者に納入通知書を発行する	納入義務者が納付し、納付額が調定額に達すると徴収率100%

補助金収入の流れ

経費A	経費B	経費C
補助額A'		

経費Aを補助対象額として補助率を乗じた補助額A'円を交付申請
→A'円交付決定→A'円調定→A'円入金

補助金を多く獲得するために能動的に動く

経費A	経費B	経費C
補助額A' → ④	①③	②

① 経費A以外の経費B部分を補助対象経費に含めることができないか？
② 経費A以外に経費C部分を補助対象とする別の補助金（横出し補助金）がないか？
③ 経費A等を対象とし、補助率が高い、対象経費が幅広いなど、より有利な補助金がないか？
④ 対象経費はAのままだがさらに上乗せ適用できる補助金（上乗せ補助金）がないか？

経費を漏れなく記載しているかどうかを確認しましょう。前年度申請を参考にしつつ、頻繁に行われる補助金制度の変更も新旧対照表等を活用して対象経費（内容）の変化を漏れなくチェックし、少しでも多くの補助金を獲得できるように努めましょう。

次に、**異なる目的の国庫補助金等の補助対象となっていないか**を確認します。例えば、施設整備の補助金に加えて、環境目的の補助金を別途充てることができる場合等があります。

そして、**補助率が高い、対象経費が幅広いなど、より有利な補助金のメニューがないか**（市町村は都道府県補助金も含めて）を確認し、さらに、**他の補助金を上乗せで適用できないか**も確認してみましょう。

過去の経緯等から国等で別途基金が造成されていて補助率等が異なる場合や、国の補助制度を都道府県の補助制度が上乗せをしたり、対象外経費を横出ししたりしてカバーしている場合などもあります。

また補助金活用事例が国等のホームページで公開されている場合もありますので、そういったときは掲載事例先に問い合わせて、対象経費や補助申請のノウハウを教えてもらうことは、大きな学びになります。

収入管理のまとめ

収入の基本的な流れは、調定→納入通知書発行→納付。国庫補助金等は国等の意思決定が収入額を左右しますが、様々な工夫で補助金額が増えるように努めることが大事です。

POINT

- 調定が後になってもよい場面が多くあるが、あくまで例外的取扱いであることに注意
- 補助金メニューは頻繁に見直しがある。新旧対照表等を活用し必ずチェックを

8 収入・支出に誤りがあったらどうするの？

再発行した納付書で二重払いがあったり、受給者の資格喪失が後から判明して返金事務が発生したりした場合の対応について教えてください。

● 収入に誤りがあった場合の対応

調定に基づく収入は相手方や金額に誤りがないものとなるはずですが、例えば納付書の再発行を行った場合などに勘違いが生じ、二重に納付されてしまうことがあります。

また、国庫補助金等の交付後に事業執行額が確定し、結果的に補助金をもらいすぎていたことが判明する場合もあります。このような本来収入すべきではない収入（**過誤納付**）は、原則として納付者に返金します。この歳入から過誤納付額を返金する処理を**還付**（または**歳入還付**、**戻出**、**歳入戻出**）といいます。

ただし、出納整理期間までに還付の手続きが間に合わなかった場合は、翌年度以降の歳出予算の**【節】償還金、利子及び割引料**に還付額を計上してから支出します。

なお、納付者に市税や保険料等の滞納があった場合は、返金せずにその未払い債務に充当します（**過誤納金の充当**）。滞納等がなかった場合でも、本人の了解を取ったうえで、すでに納付書を発行している別の債権へ振り替える取扱いを行うこともあります。

また、出納整理期間経過後に過誤納付が判明した場合には、過年度返還金から、**歳出➡歳入振替え**（**債権債務の相殺**）によって歳入科目に収入させる手法をとることも可能です。市税等の滞納がない場合にこれらの例外的手法を使うかどうかは、自治体ごとに判断が分かれるところです。

●支出に誤りがあった場合の対応

請求書等の根拠に基づいて行う支出についても、例えば手当等の受給者の転出や資格変更が判明した場合など、**未払い・過払い**が生じることがあります。未払いは適宜追加の支出により対応し、過払いについては相手方に返金を依頼することになります。

この過払い額を歳出に返金（返納）する処理を**戻入**（または**歳出戻入**）といいます。ただし、出納整理期間までに戻入手続きや納付が間に合わなかった場合は、翌年度以降の歳入予算に**【款】諸収入【項】雑入【目】雑入**を計上します。

収入に誤りがあったときの対応

納付者

7/15 納付 1,000円 →
8/15 納付 1,000円 →
← 9/1 還付 1,000円

［歳入］

7/1	1,000円の納付書発行
7/11	依頼により1,000円の納付書再発行
7/15	1,000円収入
8/15	1,000円収入（二重納付）
9/1	過誤納付判明！ 1,000円還付手続き →1,000円の収入はなかったことになる

※出納整理期間までに還付処理を終えられなかったときは、還付額を歳出予算に計上する必要があります。

支出に誤りがあったときの対応

受給者

← 2/1 支出 5,000円
4/10 返納 2,000円 →

［歳出］

2/1	5,000円支出
3/10	2,000円の過払い判明！
3/11	2,000円戻入の納入通知書を発行
4/10	2,000円返納 →2,000円の支出はなかったことになる

※出納整理期間までに戻入処理を終えられなかったときは、返納してもらう額を歳入予算に計上する必要があります。

歳入歳出外現金の処理

納付者

5/10 納付 1,000円 →

［歳入歳出外現金］

5/10	受け入れ ＋1,000円
6/1	払い出し ▲1,000円

6/1 支払い 1,000円 →

本来の債権者

※歳入歳出外現金は自治体の所有物ではない現金を受け入れ、本来の債権者に払い出す様子から、集金屋さんのお財布のようなものといえるかもしれません。

●誤りではないが、自治体のお金ではない場合の対応

入札・契約の保証金、職員給与に課せられた所得税や住民税など、自治体が受け取ることになっているものの、その自治体の所有物ではない（＝予算の対象とならない）お金や有価証券等は雑部金として預かります。この雑部金のうち、現金を自治体のいわゆる通常の歳入・歳出に係る現金（**歳計現金**）と対比して、**歳入歳出外現金**（**歳計外現金**）といいます。雑部金には出納整理期間はありません。また、歳入歳出外現金には歳入・歳出、収入・支出という考え方はなく、受入れ・払出しとして処理するため、直接的な収入・支出以外の意思決定として行われる調定、支出負担行為に類する考え方もありませんが、通常の歳入・歳出の仕組みを準用して取り扱います。

POINT

- 過誤納金・過払い金は、出納整理期間を過ぎると予算手続きが必要になる
- 歳入歳出外現金の受入れ・払出しは通常の歳入・歳出の仕組みを準用するが、出納整理期間がないなどの違いがある

収入・支出の誤りのまとめ

過誤納金は速やかに歳入から還付手続きを行うのが基本。過払い金は速やかに歳出へ戻入手続きを行うのが基本です。

私の失敗談 2 ｜ 予算書は千円単位

本書でも記載したとおり、予算書の金額は千円単位です。財政担当課では、最初は数字を読むことさえおぼつかなかった職員が、千円単位、予算資料などではさらに百万円単位までスラスラ読めるようになると、ようやく財政担当職員としてのスタートラインに立てたなと思えるものです。

私は入庁６年目に、東京都総務局行政部市町村課に派遣されました。当時、財政はまったくの素人で、各市町村の財政担当課の猛者たちがスラスラと金額を読み上げていく姿を羨望の眼差しで見ていたことをよく覚えています。翌年、市の財政担当課に配属されましたが、それでもまだ慎重に意識しないと正しく読めない状況。そんな状態で、初めての予算編成に突入しました。

予算見積書は１円単位の積み上げ。１円単位の予算の積算根拠を節別や細々節別に財務会計システムに入力すると、自動的に合算額を切り上げて千円単位にしたものが予算要求額として表示されます。この千円単位の予算要求の内訳を見れば、当然切上げ前の１円単位なので、2,001円の予算要求を１円減額して2,000円にするだけで、予算では3,000円が2,000円に減額されて1,000円の減額査定が実現したことになります。そんな細かい作業に勤しんでいたところ、ある担当課が入力を間違えて１円単位をシステムの計算から除外して、逆に千円単位にまとめた額を予算額としたシステム処理をしていました。細かい作業に気を取られていた私は１円単位の見積額がシステムの計算外になっていることに気がつかず、1/1,000の金額のままで予算書原稿ができてしまったのです。

幸い、以前同じ課の予算担当をしていた先輩が数字の小ささに違和感を覚えて指摘してくれたため大事故にはなりませんでしたが、冷や汗を嫌というほどかくことになったのはご想像のとおりです。

PART

3

予算はどうやって作るの？

毎年度作る自治体の予算。
歳入・歳出それぞれの予算はどう立てられるのか。
財政が厳しい中で、
各課はいかに財政担当課を説得し、
予算を獲得しているのか。
日々刻々と時代が変化し、
行政ニーズも多様化する中で、
予算編成を行うための基礎知識を解説します。

そもそも予算はなぜ必要なの？

予算はそもそもなぜ必要なのでしょうか。
また、なぜ毎年度予算を作るのでしょうか？

●自治体が毎年度予算を作る理由

国の最高法規である憲法で自治体について直接記述されている部分は、第8章・地方自治の4か条です。しかし、自治体予算への記述はなく、「地方公共団体の組織及び運営に関する事項は、地方自治の本旨に基いて、法律でこれを定める」（第92条）とされているのみです。

そこで法律（地方自治法）を調べると、「普通地方公共団体の長は、**毎会計年度予算を調製**し、年度開始前に、**議会の議決**を経なければならない」と定められています（第211条）。いわゆる**予算の単年度主義**（本書・第2章3）であり、これが毎年度予算を作成する根拠となっています。

法律上の根拠はわかりましたが、なぜ地方自治法に予算を作ることを定めたのでしょう。ここでまた憲法に戻ります。

第7章・財政では、「内閣は、**毎会計年度の予算を作成し、国会に提出して、その審議を受け**

議決を経なければならない」（第86条）とされ、政府は国民の意見に従ったお金の使い方をしなければならないことが定められています（**財政民主主義**）。ここで再び地方自治法第211条を見ると「普通地方公共団体の長は、**毎会計年度予算を調製**し、年度開始前に、**議会の議決**を経なければならない」と憲法と同じ書きぶりになっています。つまり、自治体が、住民の意見に従ったお金の使い方をするために、お金を使う前にあらかじめ住民（議会）に説明し、その了解を得る。このお金の使い方の説明のために予算を作成していると考えれば、私たちの予算編成の作業、そして予算執行はまさに民主主義に基づく行為だと理解できます。また、この民主主義に基づき議会の議決を経た予算は原則として**ただちに住民に公表しなければならない**ものとされています（**予算公開の原則**）。

これまで説明した単一予算主義の原則（第1章6）、予算統一の原則（第2章1）、総計予算主義の原則（第2章6）も住民にわかりやすく説明するための原則です。理由・目的に照らしてみると、単に「守らなければならないルール」という認識を超えて、より理解が深まるでしょう。

● 例外としての予算の専決処分、予算の原案執行権

前述のとおり、予算はお金を使う前にあらかじめ住民（議会）に説明し、その了解を得なければなりませんが、議会を開く時間的余裕がない場合や、議会が成立していない場合など、一定の条

予算案の上程（議会へ議案の提出）と議決後の対応

住民の声

政策を実現するため、来年度の
予算はこのようにしたいので、
審議をお願いします

首長

X年度予算案の
上程

議会

［ 質疑・討論 ］

議員

住民の声

可決

（広報誌等で）
X年度予算
（概要）を公表

予算執行

否決

暫定予算を編成し、
再度上程
（時間的余裕がない
ときは専決処分）

削除・減額

義務に属する経費の削除・減額

再議（義務的再議）

可決

（広報誌等で）
X年度予算
（概要）を公表

予算執行

否決

義務に属する
経費を計上した
予算を作成

予算執行

予算の原案執行権

災害復旧費の削除・減額

長に対する不信任の議決とみなす

議会を解散、議会選挙へ

件の下では、自治体の**首長は議会の承認を経ずに予算を決定することができます（予算の専決処分）**。ただし、その直後の議会に専決処分の内容を報告し、承認を求めなければなりません。ここで議会の承認が得られなかった場合でも、専決処分に基づいて行った予算の執行や契約等には影響はありません。ただし、首長は補正予算の提出など必要な措置を講じ、その旨を議会に報告する義務があります。

また、議会が自治体の義務に属する経費を削除・減額したときは、首長は再議（審議のやり直しを求める）に付さなければなりません（**義務的再議**）。法令により負担する経費や債務負担行為により支出が確定している経費等は速やかに執行する必要があるからです。**再議に付してもなお議会が否決したときは、首長はそれら経費と収入を予算に計上して、執行することができます（予算の原案執行権）**。さらに災害復旧費を議会が削除・減額したときはこれを不信任の議決とみなして議会を解散することができます。

政治的混乱が住民生活に致命的な影響を与えないように配慮された制度設計であるといえるでしょう。

予算の意義のまとめ

予算は、自治体が住民の意見に従ったお金の使い方をするために作成し、議会に諮ります。議決された予算は、原則としてただちに住民に公表しなければなりません。

POINT

- 首長は議会を開く時間的余裕がない場合等は予算の専決処分を行うことができる
- 議会が自治体の義務に属する経費を削除・減額し、その後の再議も否決したときは、首長は予算を執行できる（原案執行権）

予算はどうやって作るの？

予算は首長が議会に提出しますが、実際の作業は補助機関である職員が行います。では何に基づいて、どのように作成していけばよいのでしょうか？

● 予算は首長の政策を具現化するもの

予算は首長が作成し、議会の議決を経て公表すると前項で説明しました。つまり、予算編成は首長が主導して行います。議会は首長が提出した予算案を可決する以外に、否決、修正することができますが、予算案そのものを提案することはできません（**首長の予算編成権**）。

首長は、まちをこのように運営したい・つくりたいという理想をもっています。その理想のまちづくりを進めるための政策に必要な経費を**政策的経費**といいます。

一方で、実際の予算には、政策的経費とは別に、自治体運営において首長の政策にかかわらず実施しなければならない**義務的経費**（人件費や扶助費、公債費）を含む毎年度継続的に実施する**経常的経費**も組み込まれています。現在では少子高齢化の進展などにより、各自治体で予算に占める経常的経費の割合が上昇し、政策的経費に充てられる余裕がなくなってきています。

そこで、各自治体では事業をその必要性から見直し、新たな財源を生み出していく**行財政改革**を進め、政策的経費に充当する財源を確保しようとしています。

つまり、行財政改革は、お金を節約することが目的ではなく、新たな行政課題に対応するための財源や人材を確保する手段です。また、皆さんが「住民福祉の向上のため、このような取組みをしてみたい」という思いを首長に訴え、理解してもらい、そして実現していくために必要な手段でもあるのです。

● 予算編成の流れと仕組み

予算編成の流れは、予算査定方式（本章8）や計画事業の取扱い（本章4）の違いなどにより、各自治体で手法や時期が異なりますが、ここでは基本的な流れと仕組みを説明します。

予算編成は、首長による予算編成方針の策定からスタートします。予算編成方針は、予算編成にあたっての基本的な考え方や、予算編成上の留意事項等を概ね10月前後に庁内に通知するものです。自治体によっては、さらに副首長名の依命通達や財政担当課長通知などで、より詳細な留意点を通知していることもあります。

予算編成方針等に基づき、各部署では概ね1か月以内に担当する予算の見積書を作成し、財政担当課（枠配分方式の場合は部局の予算担当部署）に提出します。

政策的経費・経常的経費と査定の関係

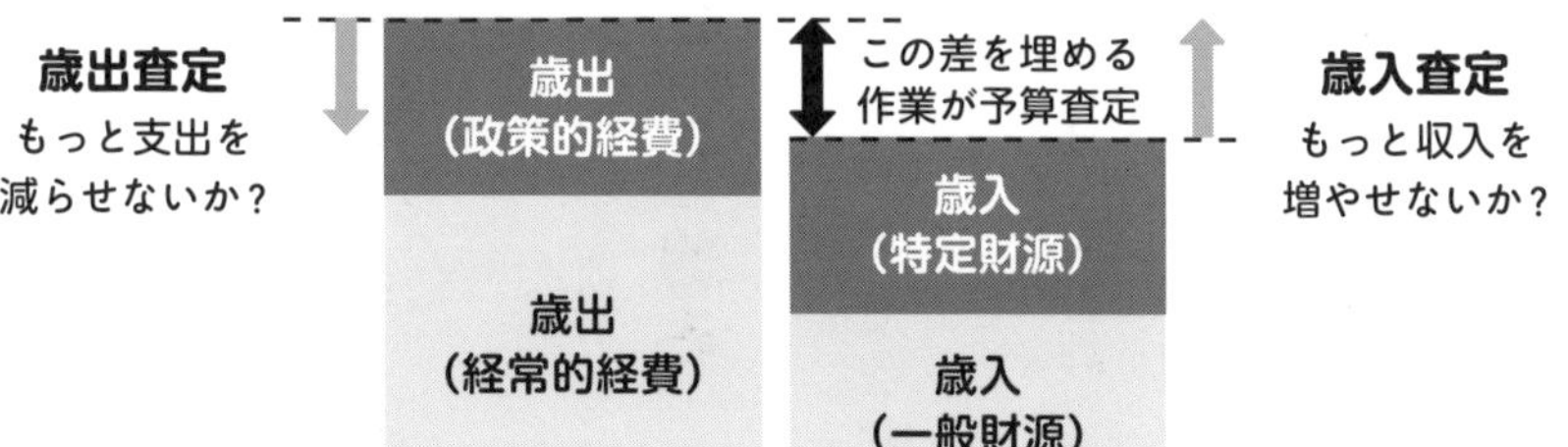

行財政改革は新たな課題に対応する財源・人材等の資源を確保する手段として、予算査定とは別に事業の見直し、歳入を確保する

予算査定

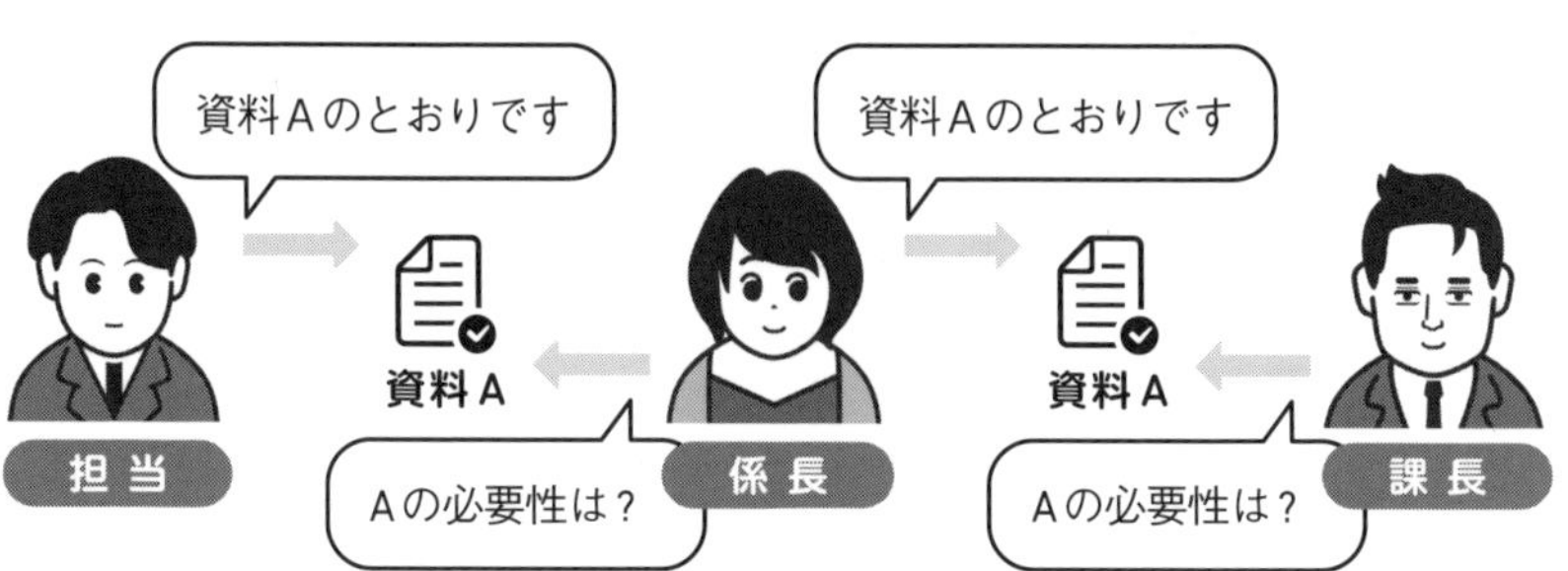

予算査定は段階を経ながら進んでいきます。査定者は段階が上がるほど現場を知らないので、予算の提出元がヒアリングで説明した内容や、作成提出した予算関係資料が査定の判断材料の1つとなります。

提出を受けた財政担当課等は、提出元の各部署とのヒアリング等を経て、数値の誤り等を修正し、予算要求状況を公表します。

その後、財政担当課等による査定が始まります。担当者⬇係長⬇課長⬇部長と段階を経ながら査定作業が進み、最終的に首長以下の首脳陣による査定で予算額が絞り込まれていきます。各部署には、財政担当課等から**予算関係資料の作成・提出**が求められますが、それらは現場の実情を知らない者同士が**予算の必要性を吟味するための重要な検討材料**になります。査定が終了すると、庁内に予算案が内示されます。つまり、現場の実状を知らない財政担当やその上司たちや首長にわかりやすく事業の意義と、首長の目指す施策への適合度、そして財源確保にも配慮されているかを端的に伝える資料作成力が重要なのです。

内示後の復活折衝（削除されたり認められなかったりした予算について、復活を目指して再交渉すること）は、自治体によって大きく差があり、数日間の調整で内示額の範囲内の微修正のみを認める自治体から、1か月程度かけて調整し大幅な増額等を認める自治体まで様々です。

いずれにしても最終予算案は2月前後に確定・公表され、3月の議会第1回定例会に予算案が上程され、議決を得て予算が確定します。

予算の作り方のまとめ

予算は政策を具現化するもの。政策を実現するための経費が政策的経費、政策にかかわらず必ず支出する経費が経常的経費です。

POINT

- 行財政改革は新たな行政課題に対応するための手段
- 予算関係資料は予算の必要性を検討する際に重要な資料となる

3 予算を獲得するコツはあるの？

予算の獲得に向けた準備は、予算編成の開始前から始まっているといわれます。具体的にはどのよう準備をしたらよいのでしょうか？

● 予算が決められる仕組みと計画の重要性

首長は、まちをこのように運営したい・つくりたいという理想（**政策**）を選挙公約にまとめ、住民による選挙の結果、選ばれて就任しています。しかし、政策の実行にあたっては準備も必要ですし、財政的な制約もあるため、1年ですべて実行することはできません。

そこで、基本構想や基本計画を筆頭とした各種計画に政策を盛り込み、各種分野ごとに分かれた**施策**、具体的な取組みである**事業**として位置付けることで、実行を担保していきます。つまり、私たち職員としても、**実施していきたい事業予算を、これら各種計画の施策、事業に位置付けることができるかどうか**が第一の準備ポイントになります。

とはいえ、事業を担当しているときにはすでに計画が定まっていて、実施したい事業予算が計画書に位置付けられていない場合（計画書の巻末等に事業が一覧化されていることが多いので、一度確認してみてください）や、すでに実施されている事業を拡充したい場合もあります。そのようなときは、実施したい事業が属する（と思われる）施策部分を熟読し、実施したい事業の目的や効果が含まれる文言を探してください。それにより、**既存計画の施策に含まれる事業として、後付けでも位置付けることができるかどうか**が第二の準備ポイントになります。

計画は10年から20年程度の長期的なものであることが多いため、策定時点で計画終了時までの社会経済情勢の変化を完全に織り込むことは困難です。そのため、計画の策定時点では、情勢が将来変化した場合でも、事業を後付けできるように柔軟な文章にしておく配慮が重要になります。

●トップダウン型の政策テーマにボトムアップ型の要素を加える

各種計画に事業を位置付けることで、計画的に事業を展開できることは理解できたものの、「施策や事業そのものは首長からトップダウンで指示があり、職員に選択の余地はないのでは」と思った人も多いかもしれません。確かに、住民に選ばれた首長の指示は大変重いものです。しかし、首長の指示通りに動くことだけが果たして正解といえるのでしょうか。住民のリアルな声や事業の検討課題、担当する事業の先進事例などは、現場に一番近い、職員のほうが詳しいはずです。つまり、より効果が高く、効率のよい事業を提案できるのは私たち職員なのです。

そこで重要なのがボトムアップです。選挙公約、施政方針などから首長が実現を目指す政策の

計画と政策・施策・事業の関係

基本計画と合致
している事業は
優先度がより高い
基本計画
政策1
施策(1)
事業ア
事業イ
事業ウ
各種計画A
政策A1
施策(A1)
事業Aア
事業Aイ
事業Aウ

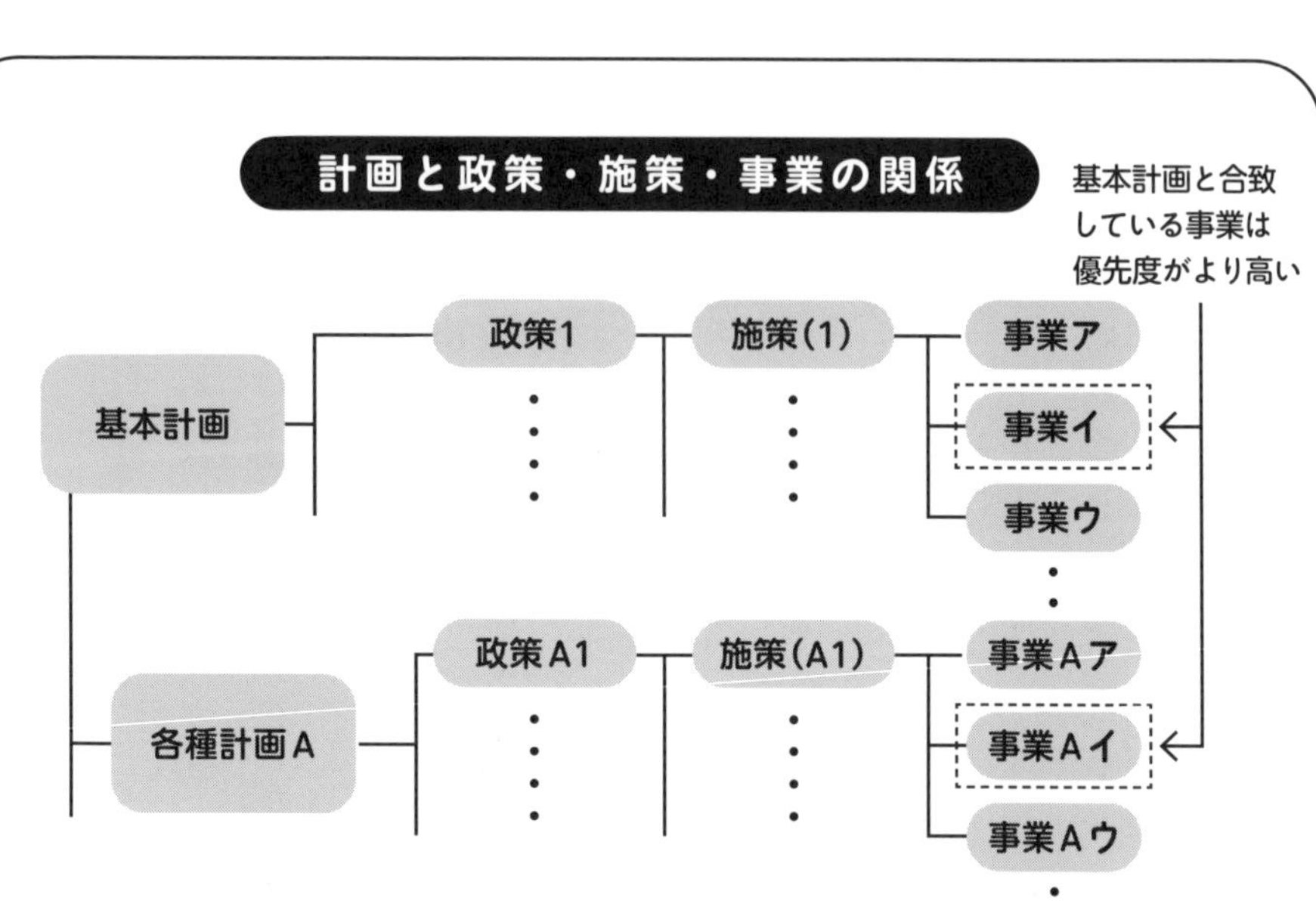

トップダウンとボトムアップ

[トップダウン]
[ボトムアップ]
A事業を実施
首長
総合的に判断し、
B事業を実施(or 不採用)
政策判断
A事業を実施
部長
他施策と比較考慮したアドバイス等
A事業を実施
課長
他事業と比較考慮したアドバイス等
A事業を実施
係長
課内類似事業と比較考慮したアドバイス等
わかりました。
A事業を実施します
担当
●●の理由で効果があり
効率的なB事業を展開したい

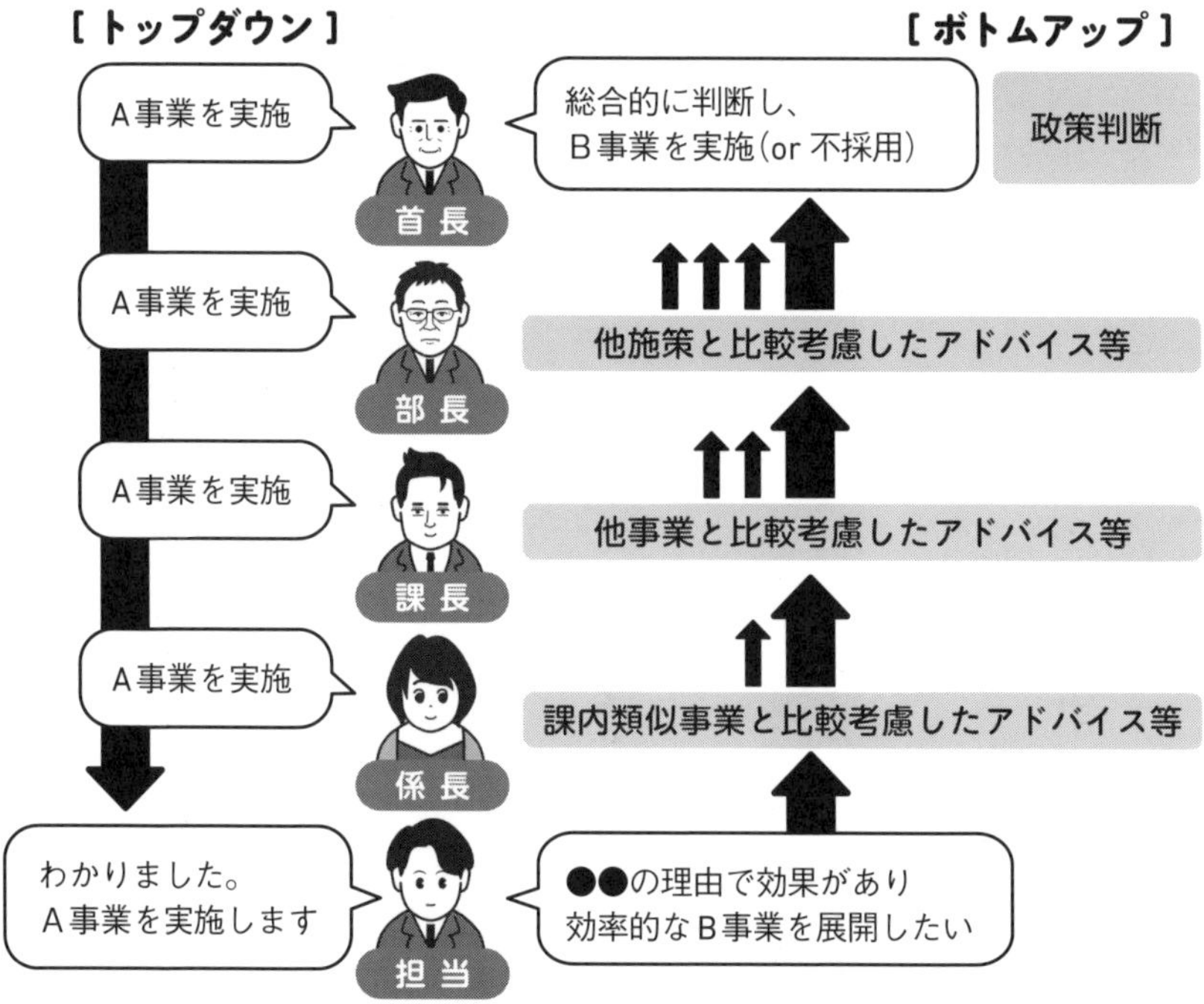

「真の目的」（解決したい事柄）を見つけ出し、その解決に向けて効果が高く、かつ効率的な事業を現場目線で首長に提案することで、住民にも満足してもらえる事業を実施することが可能です。

ボトムアップは何層もの上司を説得する大変さがありますが、その説得の過程で、多様な視点が加わり、事業案が磨かれていくという利点もあります。何より上司すら説得できないようでは、様々な考えを持つ住民に理解してもらうことも難しいでしょう。仮に予算が認められなかった場合でも、どの段階で何を理由に不採用になったのかを確認し、その部分を補強したり、説明の視点を変えてみるなど、諦めずに翌年度以降の再チャレンジにつなげていく不屈の精神も求められています。

また、基本計画等の策定にあたっては数か月、場合によっては複数年の時間をかけながら検討するため、その間に庁内で事業の照会が実施されることもあります。このような機会を捉えて現場の意見を反映させることも可能です。

基本計画等の策定段階から事業の検討段階までのあらゆる機会を通じて、事業をより良い内容にしようとする姿勢が、予算獲得以前に求められているのです。

POINT

- 政策の目指す、真の目的（解決したい事柄）を見つける
- 現場が感じている課題、住民の声などをベースにボトムアップで事業を提案しよう

予算獲得のコツのまとめ

基本計画等に事業を位置付けることが大事。基本計画等に事業の位置付けがない場合は、新たに位置付けることが可能か検討しましょう。

4

計画事業ってなに？

予算編成方針などでは、「財政計画に記載された計画事業を優先する」と書いてありますが、それってなんですか？

● 財政計画（財政フレーム）と計画事業

基本計画に、例えば「子どもにやさしいまち」という政策を掲げた場合には、その政策を実現するため、児童館やプレイパークの整備等の個別具体的な事業（**計画事業**）が位置付けられます。

しかし、計画を策定しても、お金がなければ絵に描いた餅となってしまいます。そこで、基本計画の計画期間中のすべての歳入と歳出の見込み額を推計し、財源の裏付けを示したものが**財政計画**（**財政フレーム**）です。自治体によって計画期間は異なりますが、期間に応じて長期財政計画、中期財政計画などと呼ぶ場合もあります。

財政計画にはすべての歳入・歳出の見込み額が推計されているので、経常的経費が多いと、結果的に計画期間中の政策的経費は少なくなります。逆にいえば、計画立案時点で実施すると決めている計画事業に必要な経費は、事業実施にあたって見込まれる歳入（補助金などの特定財源）とともにすでに見込まれていることから、計画事業の実施のための財源確保の見込みは立っているといえます。

●計画事業と予算編成

基本計画期間中における政策的経費の財源は財政計画において確保されていますが、計画事業別にいつ（何年度）、どれだけ（お金）事業費を投じるのかは**実施計画**に定められています。なお、基本構想・基本計画・実施計画の3つをまとめて総合計画ともいいます。

実施計画は基本計画と同時に定めますが、概ね3年から10年程度と基本計画の計画期間よりも短く設定されています。予算編成上注意すべき点は、実施計画において政策的経費の実施年度と歳出予算の規模感がすでに決まっていることです。つまり、予算編成の開始前に計画事業に充当する政策的経費は決まっているため、計画事業費を除いた金額の中で経常経費と計画事業以外の政策的経費が査定されていきます。

先ほど述べたように、財政計画は計画事業に充てる政策的経費と、経常的経費を見込んだものとなっているので、理論上、財政計画で見込みきれなかった歳入額の増加や、歳出額の削減がなければ、計画事業以外の政策的経費が入り込む余地は少ないということになります。

しかし、政策に関わるような事業は、数年に一度しか予算獲得のチャンスがないわけではあり

基本計画と実施計画、財政計画

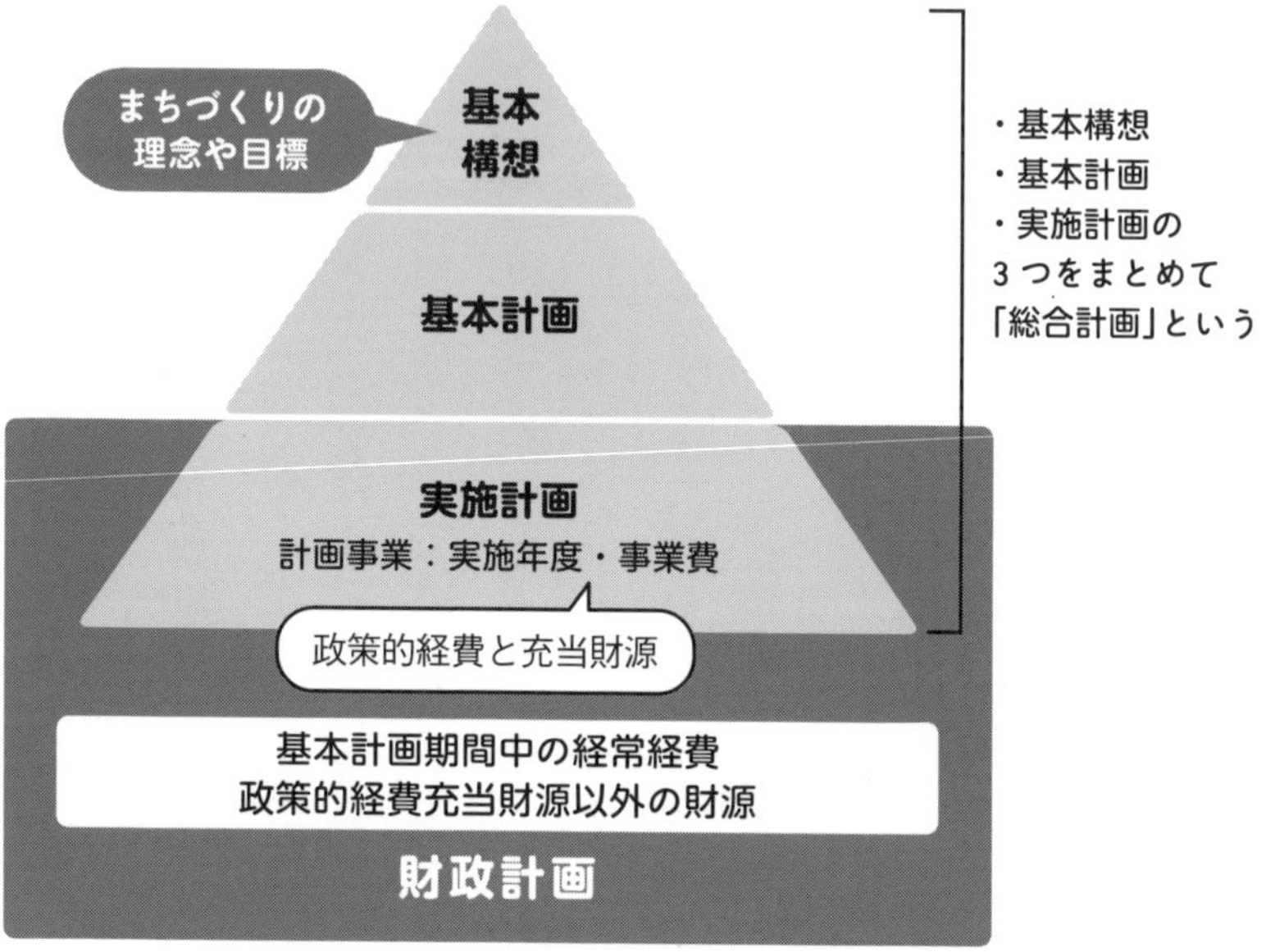

まちづくりの理念や目標

基本構想

基本計画

実施計画

計画事業：実施年度・事業費

政策的経費と充当財源

基本計画期間中の経常経費
政策的経費充当財源以外の財源

財政計画

・基本構想
・基本計画
・実施計画の
3つをまとめて
「総合計画」という

予算編成と実施計画

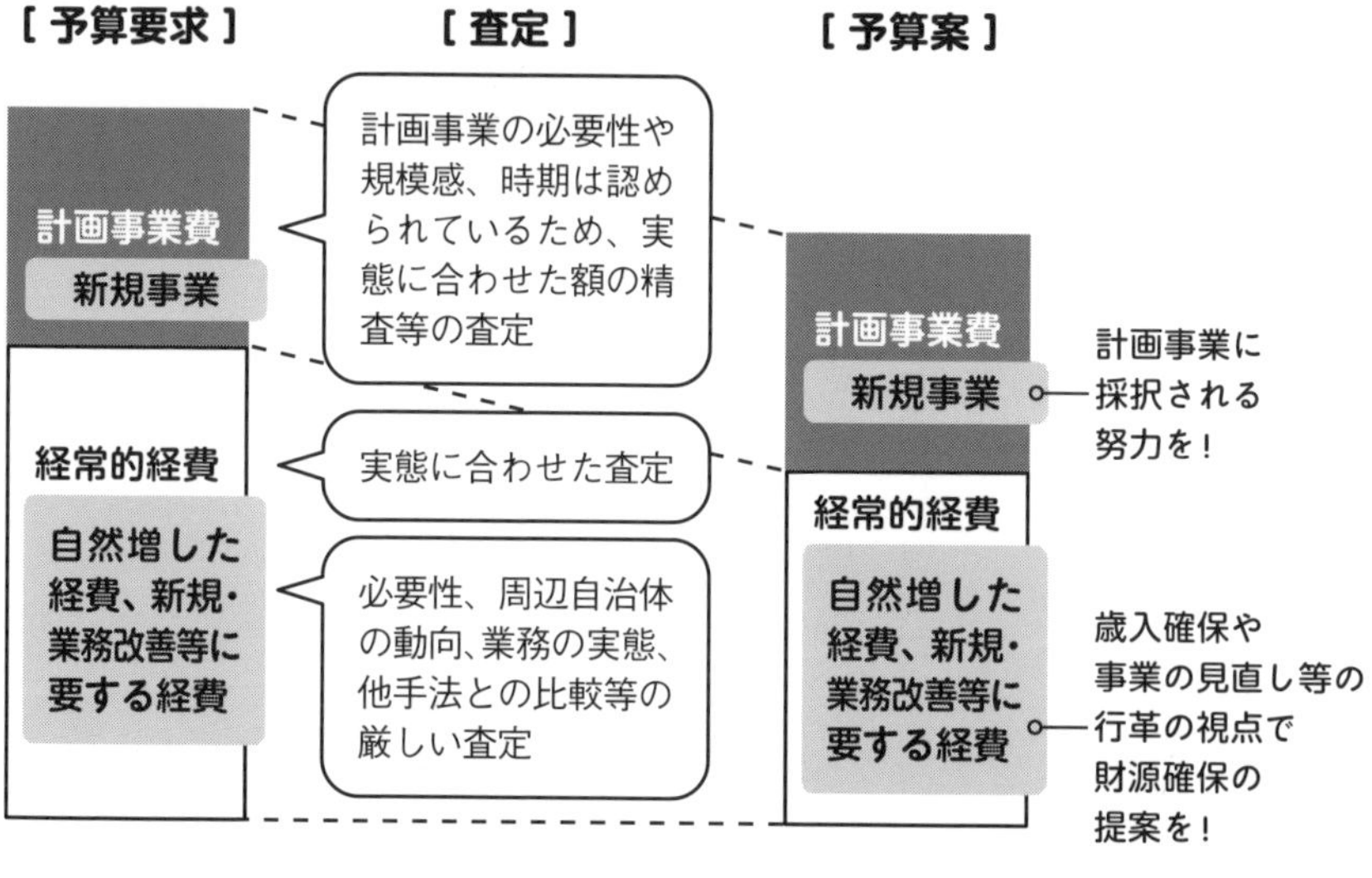

［予算要求］

計画事業費
新規事業

経常的経費
自然増した経費、新規・業務改善等に要する経費

［査定］

計画事業の必要性や規模感、時期は認められているため、実態に合わせた額の精査等の査定

実態に合わせた査定

必要性、周辺自治体の動向、業務の実態、他手法との比較等の厳しい査定

［予算案］

計画事業費
新規事業 ― 計画事業に採択される努力を！

経常的経費
自然増した経費、新規・業務改善等に要する経費 ― 歳入確保や事業の見直し等の行革の視点で財源確保の提案を！

ません。各年度様々な事情の中で、実施計画の前倒しや、先送り、事業規模の変更などの見直し作業（**ローリング**）が行われます。このローリングの作業の時期は、予算編成の前、予算の成立後など自治体によって異なりますが、基本的に毎年度行われます。そこで、前項で述べたように、首長の政策目標、つまり基本計画に合致するような新規事業を立案し、庁内調整を経て計画事業に追加することができれば、予算獲得の可能性が非常に高まります。

ただし、先に述べたように財政計画は政策的経費と経常的経費をすべて見込んだものとなっていることや、自然増などにより経常的経費が増加することもあるため、そう簡単に財政的な余力は発生しません。そのため政策的経費・経常的経費にかかわらず、すでに実施している事業について、行財政改革（**行革**）の視点から新たな歳入を確保したり、事業の縮小、見直し、統合、そして既存事業を衣替えのように見直した発展型の事業として新規事業を立案したりするなどして、財源を確保することで、首長や財政担当課の理解を得やすくするよう努めましょう。

計画事業・実施計画のまとめ

計画事業は基本計画に定めた政策を実現するための事業。また、実施計画は、計画事業別に実施時期と事業費を定めた計画です。

POINT

- **新規事業は、首長の政策目標＝基本計画に合致するように努めよう**
- **新規事業の実現のため、行財政改革に取り組み、財源を確保した提案にしよう**

5

予算はどうやって見積もるの？

予算を見積もるときに、実績を参考にする場合がありますが、金額の実績と人数や個数などの量の実績、どちらを優先したらよいのでしょうか？

●執行済額、決算額ベースに基づく予算要求

過年度の決算額の推移、最新データとしての見積り時点での当該年度の執行済額を基礎に、**増減傾向を把握して予算要求する方法**があります。事務用品などの消耗品費、いつ壊れるかわからない修繕料、気候によって左右される光熱水費などは、個別の内容が雑多で予測が難しいことから、決算額や執行済額の推移で見積もるしかないと思われがちです。

しかし、**予算を査定する財政担当課の立場からすると、あくまで過去の実績に基づくだけで、根拠が薄い**要求額ということになります。そのため、予算の増額を要求しても、「事務用品はとにかく節約して」とか、「修繕料が不足しても命に関わらないようなものはその次の年度で対応して」とか、「暖房は節約して厚着対応で」などと言われながら、前年同額、または○％減、○千円減と、**担当課の立場からすれば理不尽な減額査定がされやすい方法**です。

では、どのように見積もれば減額査定されにくくなるのでしょうか。

1つは、**過去の増減傾向を精緻に把握する**ことです。最低でも過去5年間の推移を把握するとともに、その中に見つかった**異常値（その年度、その月だけ多い・少ない）の理由も把握**します。例えば「昨年度は改修工事で◯月は休館していたため、光熱水費の予算要求を昨年度の実績と同額まで抑制することは困難です」といった具合です。

もう1つは、**増額理由を具体的に説明する**ことです。例えば、「設備の老朽化で年々修繕の回数と金額が増加傾向にあるが、利用者は子どもや高齢者が多く、空調設備の故障は利用者の生命に関わることから、他館の状況を見てもこの程度まで修繕対応が必要です」とか、「夕方の開館時間を来年度から1時間延長するので、光熱水費の増額は必要です」など、個別具体的に増額理由を述べることで説得力が増します。場合によっては財政担当課が再計算し、要求額では不足すると予想された場合などは増額査定されることもあります。

●事業量、利用人数、使用量、単価などに基づく予算要求

「事業量（回数・個数など）×利用人数（または**使用量**）**×単価」**を基礎に、それら個別の増減傾向を把握して予算要求する方法もあります。工事請負費や、使用料及び賃借料、補助及び負担金、手当等の扶助費などはこの方法で予算要求されていることが多いと思います。この考え方の場合

執行済額・決算額に基づく予算要求

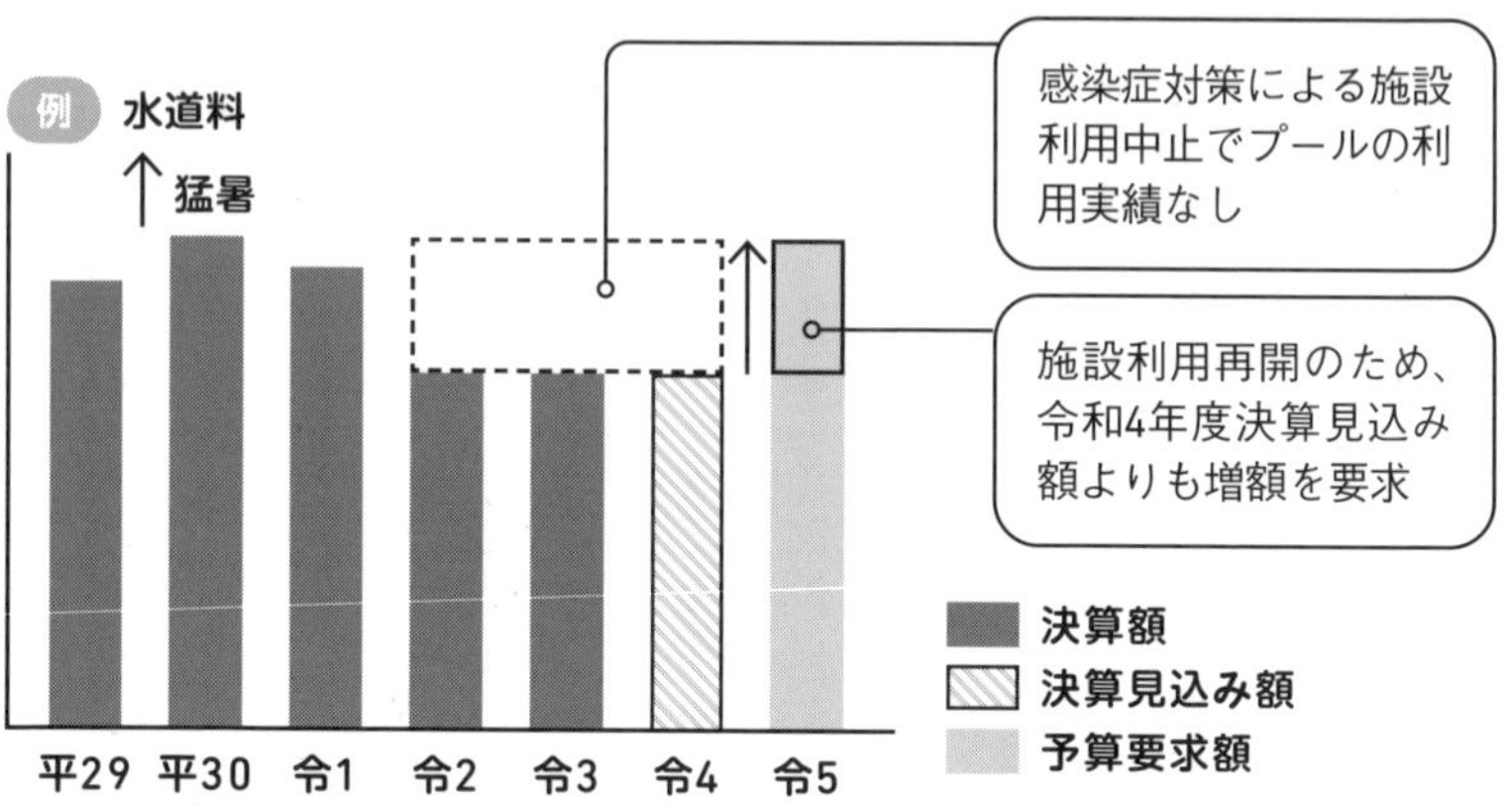

施設の利用再開にあたり増額要求。令和2～4年度は感染症対策で実績が少ない。水道料は気候の影響を受けやすいため、猛暑で決算額が多かった平成30年度を基礎にして令和5年度の予算要求額を積算する。

事業量、利用人数、使用量、単価などに基づく予算要求

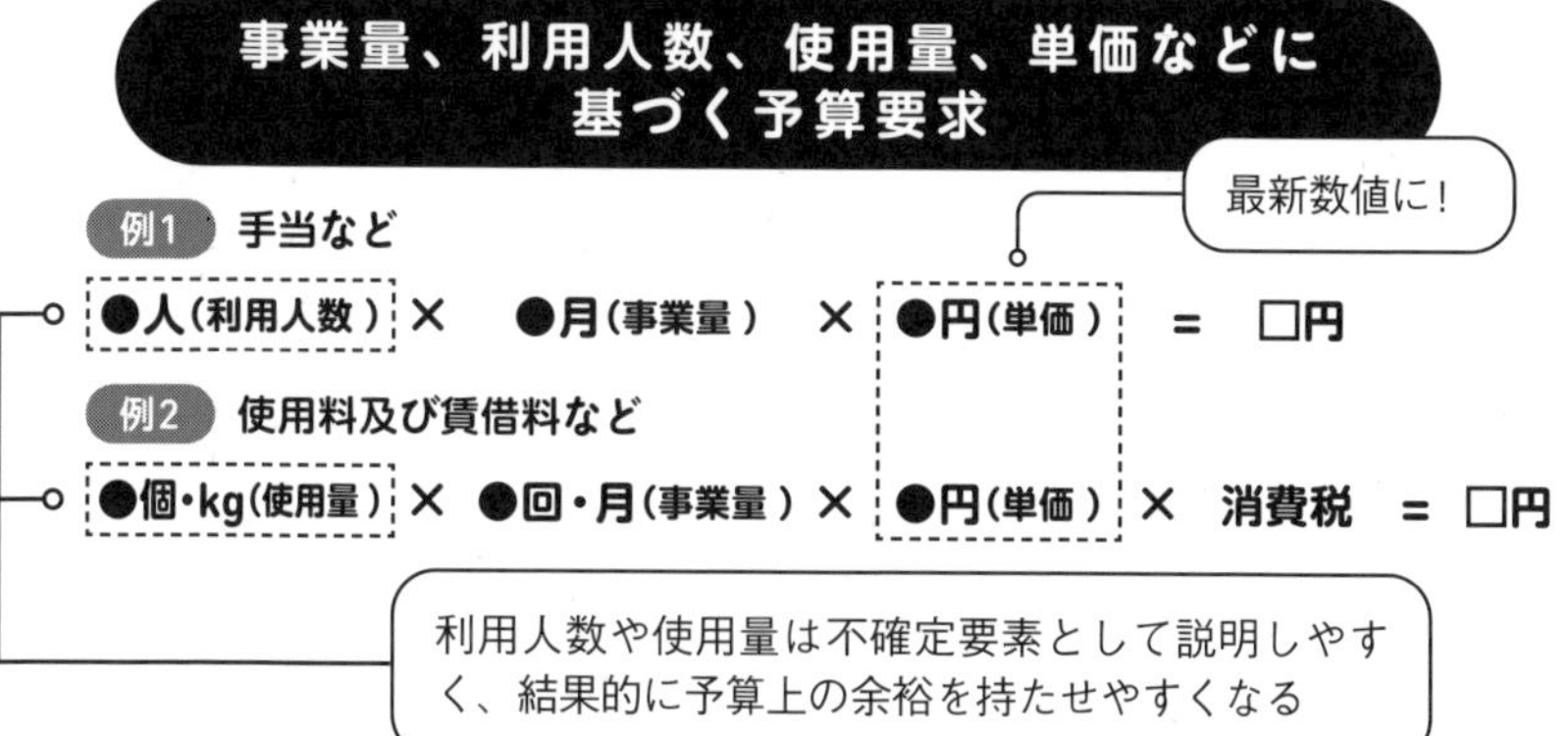

●の部分にそれぞれ具体的な過去の実績から数字をあてはめて、予算要求を行いますが、●のそれぞれの増加の可能性を考慮して余裕を持たせると掛け算をしている都合上、要求額□円は乗数的に増加します。最も変動しやすい利用人数や使用量の実績を把握し、対象をもれなくカバーすることで、予算が不足しないように要求すると、説明しやすくなります。

は事業量などそれぞれの根拠数値が具体性を持っているので、財政担当課の立場からすると査定は難しくなります。しかし、根拠数値それぞれに余裕を持たせた見積りを行うと乗数的に要求額が大きくなり、査定対象予算としてチェックが厳しくなります。決算額の推移による予算要求と同様、事業量などについても最低でも過去5年間の推移を把握するとともに、その中に見つかった異常値の理由を把握、必要に応じて数値を補正して予算要求します。また**単価については最新数値を反映**させます。

なお、歳入はほとんどこの方法で予算要求がなされていると思います。**歳入・歳出にひもづいた国庫補助金・都道府県補助金等の特定財源については、歳入・歳出それぞれの基礎数値の整合性を確認し、矛盾のない予算要求**としましょう。財政担当課の立場から見ると、矛盾がある予算要求をしたり予算見積書の事業説明欄や担当者名等が最新のものに更新されていない担当課は、要求の精度が低く、内部調整も不十分とみなされて説得力が低くなり、より厳しい査定をされがちです。理不尽と思う予算査定があった際には、自分たちの予算要求に不十分な点がなかったか、今一度確認してみましょう。

予算要求のやり方のまとめ

決算額や事業量等については、過去5年間の推移を把握しましょう。より具体的な増減理由を把握し、具体的な根拠をもって予算要求することが大事です。

POINT

- 歳入・歳出にひもづいた国庫補助事業などは、根拠数値の整合性を確認する
- 矛盾がある予算要求は、予算要求の説得力を失い、より厳しい査定対象になることも

6

収入にはどんな種類があるの？

自治体が収入するお金には様々なものがありますが、どんな種類で分けられるのでしょうか？

●使い道が決まっているか

使い道が特定されている収入を**特定財源**といいます。財政状況が厳しい自治体において、特定財源の確保は事業実施上の至上命題なので耳にしたことのある人も多い言葉だと思います。

主なものとしては、国庫支出金、都道府県支出金等のいわゆる補助金や地方債、負担金、使用料、手数料などが該当します。補助金を確保できれば、自治体の負担を軽減しながら事業を行うことができますが、事業費の一部は基本的に自治体が負担することに注意が必要です。見方を変えれば、自治体が負担した金額の数倍をかけた事業を行うことができているともいえます。また、条例で定めた保育料などの負担金や、入館料などの使用料、住民票等の発行手数料などの住民サービスの対価としての収入も貴重な特定財源です。

一方、使い道が特定されず自由に使える財源を**一般財源**といいます。主なものとしては、地方税や地方交付税、地方譲与税などが該当します。使い道が特定されていないため、自治体独自の事業に使用できるだけでなく、特定財源の未充当部分の財源としても活用できるので、一般財源を多く収入するとより多くの事業を実施できます。なお、基金のように、特定目的基金は特定財源、財政調整基金は一般財源と、同じ歳入科目でも性格が異なる場合があります。

● 自治体自らの権限で収入できるか

自治体が自らの権限で収入できる財源を**自主財源**といいます。主なものとしては、地方税や負担金、使用料、手数料などが該当します。自主財源は国等の事業や予算動向に左右されないため、自主財源が多いほど行政活動に自主性を持ちやすくなるとともに、自治体財政に安定性が確保されます。

これに対し、自治体の裁量が制限されている（国等の決定に基づく）財源を**依存財源**といいます。主なものとしては国等の補助金や地方譲与税、地方交付税、地方債などが該当します。

● 毎年度収入することができるか

毎年度収入される継続的・安定的な収入を**経常的収入**といいます。主なものとしては、地方税

収入の性格別の整理（主な歳入科目）

	自主財源	依存財源
特定財源	分担金及び負担金 使用料及び手数料	国庫支出金 都道府県支出金 地方債
一般財源	地方税	地方譲与税 地方交付税

ここに該当する経常的収入を地方税以外でも多く確保したい。例）財産収入の一部（財産貸付収入）など

基金など歳入科目が同じでも個別の収入により性格が異なり、単純に上表に区分できない歳入科目もありますが、収入を詳細に分析すれば区分可能です。

経常的収入、臨時的収入の区分は、どの歳入科目にも臨時的収入がありうることから明確に科目で分けることは不可能です。基本的には毎年度収入している収入を経常的収入と捉えてかまいませんが、正確に知りたい場合は財政担当課に問い合わせてみましょう。

事業費と特定財源、一般財源の関係性

事業費	
特定財源	一般財源

特定財源が事業費（使い道）と同額とならないかぎり、必ず一般財源が必要になります。継続を前提とした新規事業を始める際に、事業に充当できる国等の補助金の他に経常的な一般財源が必要になります。そのため自治体予算全体の経常的な一般財源に余裕がない＝財政状況が厳しいときは、スクラップ＆ビルドなどの手法により、経常的な一般財源を生み出すことが求められるのです。

のうち住民税や固定資産税、地方交付税、国等の補助金のうち生活保護費に係るものなどが該当します。

一方で、継続的・安定的ではない収入を**臨時的収入**といいます。主なものとしては国等の補助金のうち、施設整備に係るものや同じく施設整備に係る地方債（建設地方債）などが該当します。

毎年度の収入が約束されない臨時的収入が多額になっても、来年度の収入が安定的に確保できるか見通しが立たない状況では、財政担当課の立場では財政状況や財政の見通しは厳しいと言わざるを得ません。毎年度収入して安定的であり、自らの権限で収入でき、自治体が自由に使える財源が求められます。つまり、**経常的収入で、一般財源かつ自主財源に該当するもの**を十分確保できれば財政が厳しい状況から抜け出せるかもしれません。ちょっとした工夫を心がけ、自主財源の中でも、財産貸付収入など地方税以外の経常的な一般財源の確保を積み重ねていきましょう。こういった努力が予算はもちろん決算額にも目に見えて数字に表れてくると、財政担当課から担当課、そしてあなたの信頼度が上昇し、様々な予算折衝も自然とやりやすくなってくるものです。

収入の種類のまとめ

使い道が特定されているか、自治体の権限で収入できるか、毎年度収入できるかという視点から収入の性格を分けることができます。経常的収入で、一般財源かつ自主財源に該当する財源が最も確保したい財源です。

POINT

- 経常的な新規事業を予算要求する際は、特定財源に加えて経常的収入である一般財源を生み出す提案にしよう
- スクラップ&ビルドは上記の要求のための手段

支出にはどんな種類があるの？

収入だけでなく、支出にも様々なものがありますが、どんな基準で分類されるのでしょうか？

●自治体に裁量があるのか

自治体の支出の中でも、人件費や公債費、扶助費は、その性質として、歳入の状況にかかわらず必ず支出しなければならないものです。このように、支出が義務的で任意に削減できない経費を**義務的経費**といいます。

扶助費の中でも、生活保護費は国が制度を定めているため、自治体判断では削減できませんが、それ以外の自治体の独自事業や人件費は、丁寧な議論を重ねることで一定程度は削減することも可能です。そのため、「義務」という言葉に疑問を持つ人もいるかもしれませんが、予算の範囲内で執行を抑制することが可能な補助金等とは異なり、義務的経費は予算が足りないという理由では支出を抑制できないという性格を持っている点が大きく異なります。

一方で、義務的経費以外の経費を**裁量的経費**といいます。そのうち支出の効果が単年度または短期的に終わらない、固定的な資本形成をなす経費を**投資的経費**といいます。投資的経費は、施設整備や道路工事などの普通建設事業、地震や台風などの自然災害を受けた施設等を復旧する災害復旧事業、そして失業対策事業（失業者に就労の機会を与える土木工事など）に分けられます。

義務的経費が歳出予算全体に占める割合が高くなると、財政の自由度を失う、つまり財政が硬直化してしまいます。そのため、義務的経費の削減を財政課題に挙げている自治体も少なくありません。

● 毎年度支出があるか

毎年度継続的な支出がある経費を、**経常経費**（または**経常的経費**）といいます。

経常経費は人件費や、生活保護、福祉手当などの扶助費、住民票発行に係る事務経費、施設の光熱水費や修繕料などの維持管理経費などが該当します。義務的経費と似ているようにも思えますが、経常経費は毎年支出しなければならないという性質ではなく、毎年度継続的な支出になっている（なるだろう）という実態に着目している点が異なります。

そのため、新規事業として予算計上する際に、経常経費となる支出については厳しい目で査定されます。つまり、いったん認めた１００万円の予算は、その後何年にも渡って１００万円程度支出されていくことになるため、実際には今後の数千万円の支出を決定したことに等しくなる

支出の性格別の整理（主な歳出科目）

簡単には削減できないが、削減できた場合の効果は大きい
例）職員数の削減

削減効果が複数年度に渡って生じる＝効果が大きいことから行革対象になりやすい経費

	義務的経費	裁量的経費
経常経費 （経常的経費）	● 人件費 ● 公債費 ● 生活保護費	● 住民票発行に係る事務経費 ● 施設の修繕料、光熱費等の維持管理経費
臨時経費 （臨時的経費）	● 臨時給付金	● システム開発費 ● 一過性のイベント経費 ● 投資的経費

住民生活そのものへの影響が少ない経費が多く、財政状況が厳しい場合は真っ先に削減されがちな経費

経常経費、臨時経費の区分は、同じ事業支出からも発生しうる（極論すれば1枚の伝票の中でも分けることができる）ことから明確に科目で分けることは不可能です。基本的には毎年度支出している経費を経常経費と捉えてかまいませんが、正確に知りたい場合は財政担当課に問い合わせましょう。

事業を永続化させない工夫

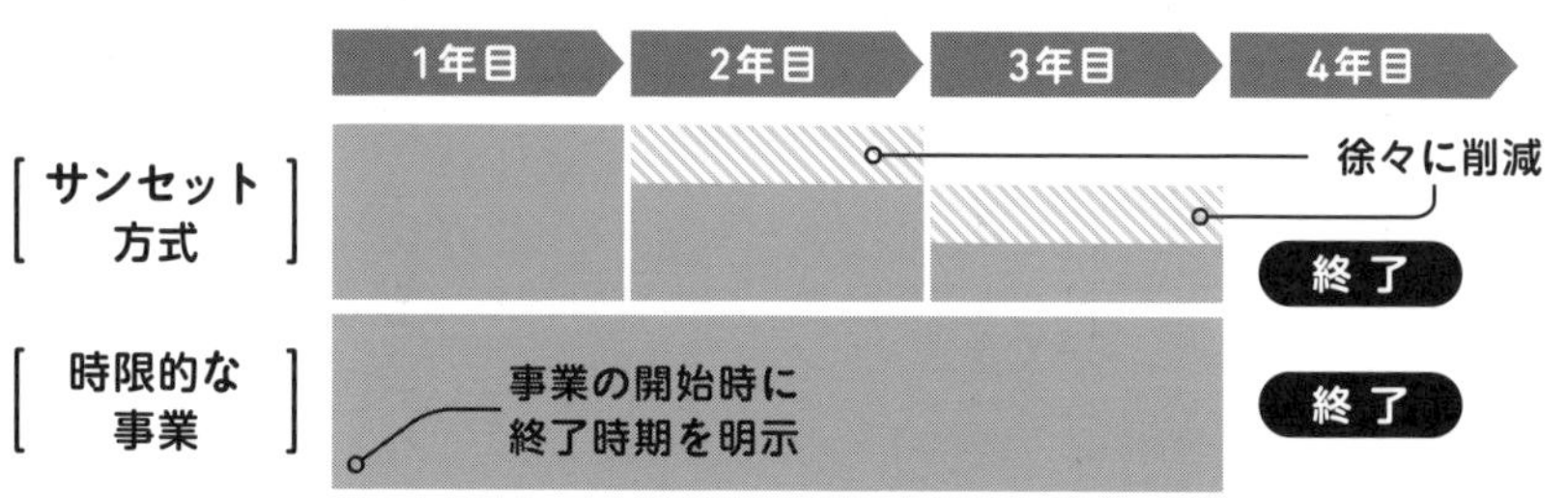

からです。そのため、経常経費に係る新規事業については、財政担当課から安定財源の確保（経常的収入の確保もしくは経常経費のスクラップ＝財源の付け替え）をセットで求められます。

経常経費とは逆に、数年に1度しか支出しないなどの継続的ではない経費を**臨時経費**（または**臨時的経費**）といいます。システム開発経費や、一過性（単発）のイベントの開催経費、投資的経費などが該当します。投資的経費のうち、大規模な工事や用地買収を伴う道路事業等は複数年度に渡る事業になることもよくありますが、整備が終わればその事業は継続しないことから臨時経費に分類されます。単年度もしくはプラス数年度程度の経費のため、予算書上は経常経費と同額であっても、中長期的な財政運営上の影響度は低くなります。

施策を一気に浸透させるための補助金を創設する場合や、団体の立ち上げを支援する場合などは、**サンセット方式**（夕日が沈むように年度ごとに交付額または補助率を下げて最後は0にする）や、事業の開始から終了までの時期を明示した**時限的な事業**にするなど、事業が永続化しない工夫も検討してみましょう。

支出の種類のまとめ

自治体の権限で支出を任意に削減できるか、できないか、毎年度継続的に支出しているか、していないかという視点から収入の性格を分けることができます。

POINT

- 経常支出を伴う新規事業は、安定財源を確保した提案にしよう
- 経常的な事業とならないように、サンセット方式や、時限的な事業とすることも検討しよう

8

財政担当課を説得するコツはあるの？

毎年度繰り返し行われる予算要求と予算査定の攻防。財政担当課を説得し、納得のいく査定をしてもらうために、原課にできることはあるのでしょうか？

● 予算査定も、自治体ごとに流儀がある

実は予算査定の仕方は自治体によって異なります。

最も多いのは、すべての課が、財政担当課に予算要求を上げて、各事業について財政担当課が1つひとつ査定をする方式。これを**一件査定方式**といいます。

これに対して、財政担当課が各部局に一定の予算額、または一般財源額を配当し、査定権限を委譲して部局内で予算査定を行い事業・予算を組み立てる方式。これを**枠配分方式**といいます。概ね経常経費を枠配分し、政策的経費は財政担当課が一件査定することが多いようですが、枠の設定の仕方や範囲は自治体によってまちまちです。

また、予算要求の段階で、「要求額に前年度比マイナス○％で要求するように」と一律にキャップ（上限）が設けられる場合があります。これを**シーリング方式**（**マイナスシーリング**）といいます。

主に、経常経費を一律に○%カットすることで財源を生み出す方法です。マイナスシーリングは独立した手法ではなく、一件査定方式、枠配分方式のいずれかと併用されますが、いずれにしても財源不足が見込まれる中、政策的経費の確保や、財源不足を補う手法として用いられます。

●担当者のヒアリングに向けた準備と心構え

一件査定方式・枠配分方式のどちらであっても、予算要求の内容を説明する担当者ヒアリングが行われます。一件査定方式の場合は財政担当課の担当者からヒアリングを受けますが、枠配分方式の場合は、部局の庶務担当部署等の予算担当者からヒアリングを受けます。財政担当課担当者であっても、部局の予算担当者であっても、基本的な準備と心構えは変わりません。

まず意識すべきことは、**ヒアリング相手の担当者は予算査定の最終決定者ではない**ことです。いまさら当然のことと思われたでしょうが、私が財政担当者としてヒアリングした方々、予算見積りの決裁を上げてきた部下たち、そして様々な機会でお話しした自治体の方のほとんどが、そのことを意識した説明や、資料作成をしていませんでした。多くの方の説明や資料として提示しているものは、事業概要、積算根拠等の予算要求額が増えたことを説明するもので、**査定担当者が欲しい説明・資料になっていない**のです。

予算査定の担当者はヒアリングで受けた説明や提出された資料、そして過去の実績や計画事業

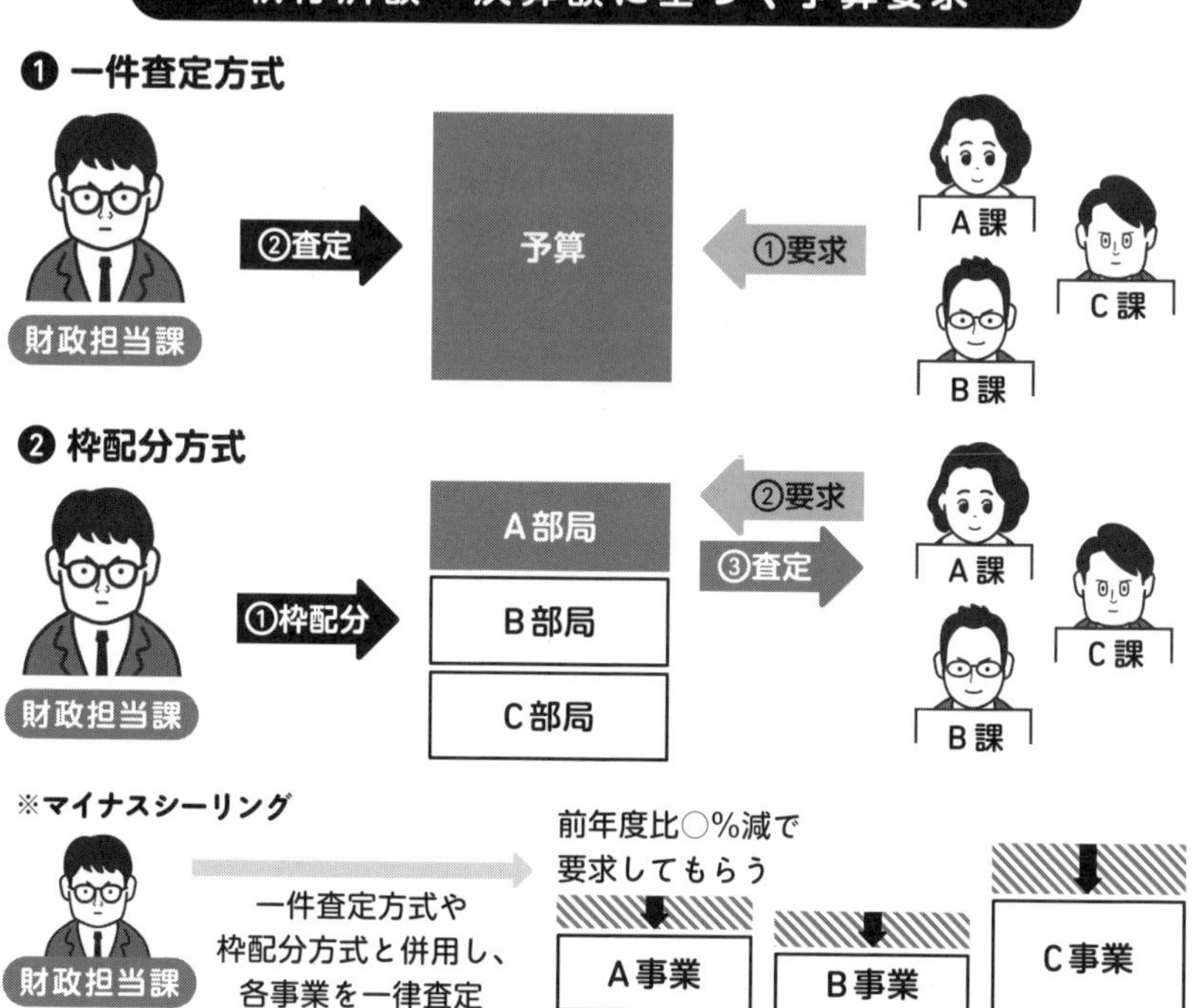

納得のいく査定をしてもらう
＝財政担当課を説得するために

上司に説明を求められ、質問を受けた部下は、自分が聞いた説明と回答、加えて情報収集した知識しか説明できません。これくらい知っているだろうからいいだろうという説明では、市長に伝わっていかないのも当然です。要求を通すためにはもちろん、査定減となっても納得のできる回答をもらうためにも6W3Hを意識した説明、資料作成が必要です。

の状況、社会経済情勢等を踏まえ、当該事業の予算の増額・減額を含めた査定案を上司に提示して説明します。

また、その上司も担当者の説明や提出された資料をもとに、さらに上の上司に説明して、最終的には首長が皆さんの説明した内容や資料内容が凝縮された説明を聞くことになります。

つまり、皆さんが行うべき説明や作成すべき資料は、**査定担当者やその上司が、さらにその上の上層部からの質問に回答することを想定した説明・資料でなければならない**ということです。6W3H（いつ・どこで・誰が・何を・なぜ・誰のために・いくらで・どのように・どの程度）を意識した説明を行うとともに、それを補強する資料を作成することで、査定担当者に事業・予算の必要性を真に理解してもらいましょう。査定担当者がよく理解してその上司に説明できるということは、査定担当者が私たち担当の味方となり、私たちの代弁者として、首長をはじめとする上層部に説明してくれていることに他ならないのです。満額回答とならなくても、納得できる結果を求めていきましょう。

予算査定方式のまとめ

予算査定には財政担当課が査定する一件査定方式と、部局にも予算査定の権限がある枠配分方式があります。また、予算要求にキャップ（上限）をかけた方式をシーリング方式といいます。

POINT

- 予算ヒアリングでは、査定担当者が上層部からの質問に回答できるよう、6W3Hを意識した予算説明と資料作成を心がける
- 査定担当者に現課の代弁者になってもらおう

9 財源を確保するにはどんな方法があるの？

財政担当課から「特定財源の確保を」としつこく言われますが、補助金に該当するものがありません。どうしたらよいのでしょうか。

●柔軟な発想で国・都道府県からの補助金を獲得しよう

「新規事業の開始や既存事業の拡充にあたっては、特定財源を確保するように」という指示が、財政担当課から繰り返しなされているのではないでしょうか。

財源には、税などの一般財源の他に、いわゆる補助金などの特定財源があります。事務を担当する立場として、「補助金の確認は行ったうえで予算要求しているのに、なぜ財政担当課は繰り返し特定財源の確保と言うのか」と思った人も多いでしょう。なぜなら財政担当課の立場としては、**一般財源の充当をなるべく抑えたい**からです。つまり、裏を返せば「歳出予算が増えても一般財源充当額が増えないならかまわない」「ましてや減少するならば大歓迎」ということです。

そこでまず調べたいのが、自治体単費で実施している事業です。所管省庁等の補助金メニューは調査済みでしょう。しかし、一歩視野を広げてみると、所管外の省庁等の**補助目的が異なる補**

助金メニューの対象となる場合もあります。また最近の傾向として、課題解決のために複数の事業を組み合わせた計画を立案し、それらをトータルで補助対象として採択する交付金事業も増えてきています。進めたい事業が本来何を解決しようとしたものなのかを振り返りながら、該当するメニューがないかを調査しましょう。なお、初期投資のみに充当可能な補助金はもちろんのこと、運営経費に充当可能な将来に渡って安定的な補助金を見つけることができると、事業の見通しが立ちやすく、財政担当課も採用しやすくなります。

また、すでに補助金が充当されている事業も見直してみましょう。補助要件を満たすことで、さらに上乗せ（補助上限の引上げ）や横出し（補助対象の拡大）が見込めるかもしれません。これらは事業自体を充実させ、歳出を増やすことで補助対象経費が増え、一般財源充当額を減少させられる可能性があります。厳しい財政状況を考えると、つい歳出予算額を削ることに集中しがちですが、事業の充実によって財源を獲得することも考えてみましょう。

● 様々な財源確保策で、新たな財源を確保する

補助金について様々な検討をしても見つからないときは、自治体オリジナルの財源確保策を検討してみましょう。まずは自己負担金の徴収を含む**事業の有料化や利用料金の引上げ**です。有料化等の実施には住民・利用者の理解が必要ですが、一定程度の負担であれば理解してくださる住

補助金を獲得するための工夫

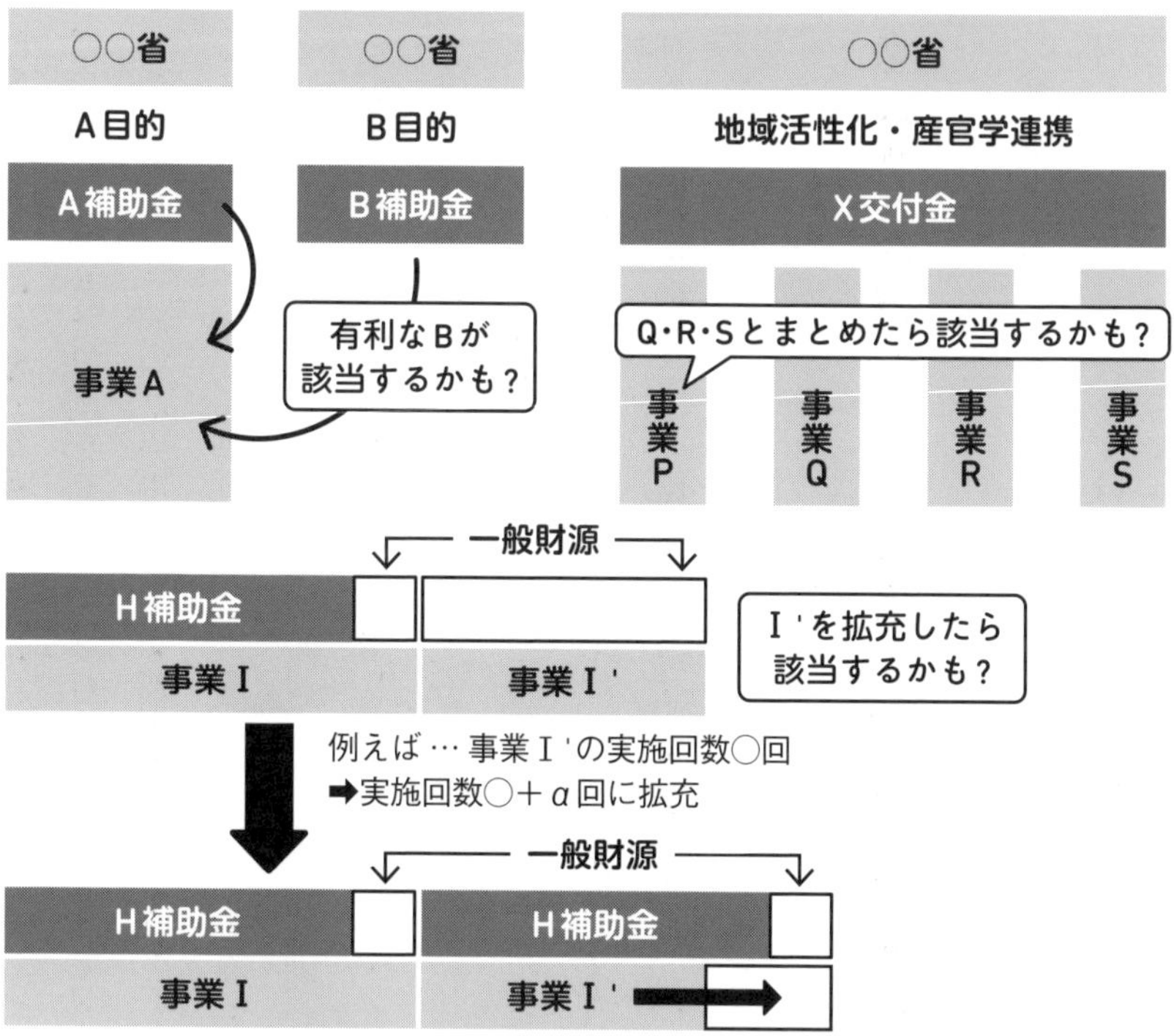

○○省
A目的
A補助金
事業A
○○省
B目的
B補助金
有利なBが該当するかも？
○○省
地域活性化・産官学連携
X交付金
Q･R･Sとまとめたら該当するかも？
事業P
事業Q
事業R
事業S
一般財源
H補助金
事業Ⅰ
事業Ⅰ'
Ⅰ'を拡充したら該当するかも？
例えば … 事業Ⅰ'の実施回数○回
➡実施回数○＋α回に拡充
一般財源
H補助金
事業Ⅰ
H補助金
事業Ⅰ'

様々な財源確保策

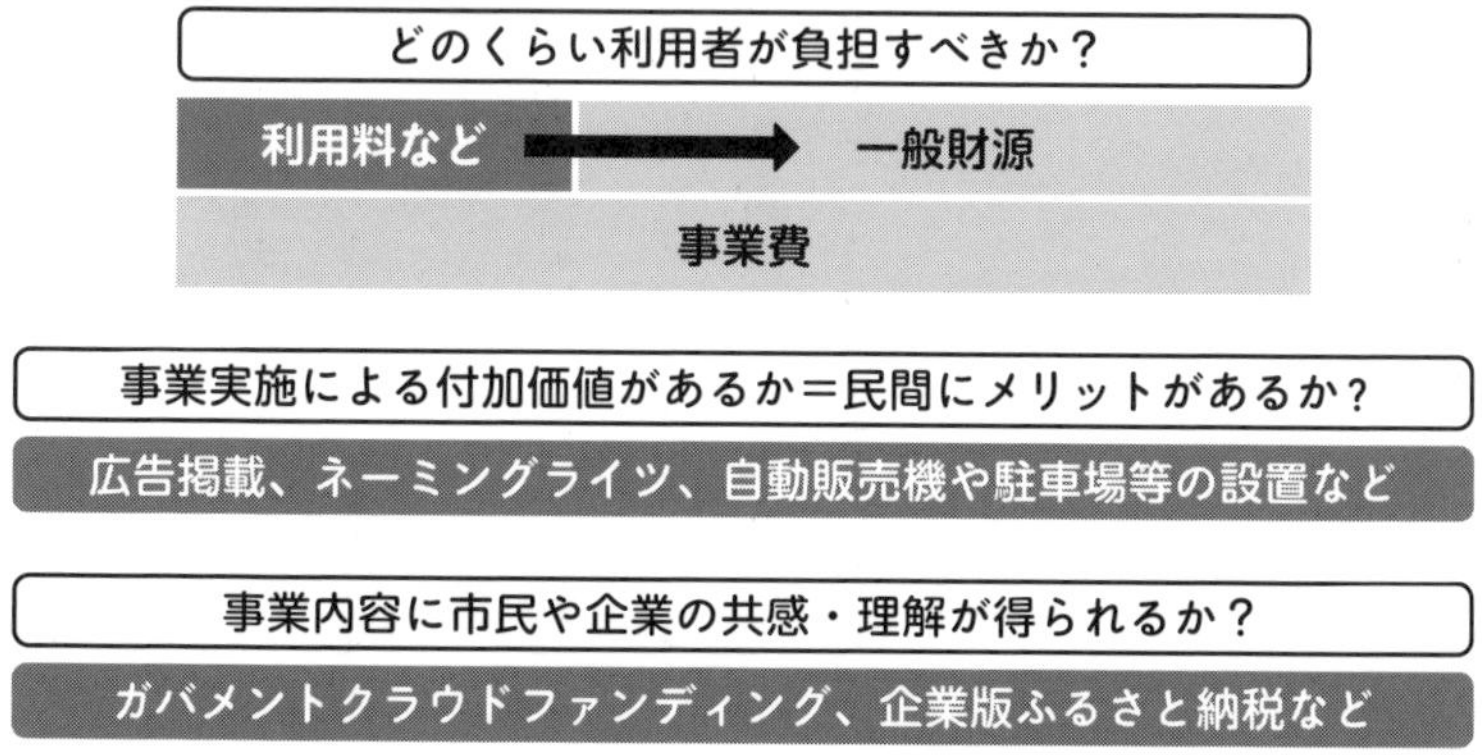

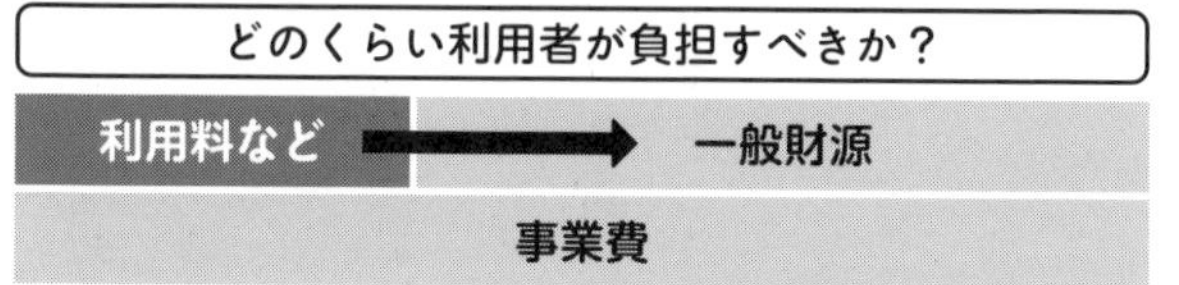

どのくらい利用者が負担すべきか？
利用料など
一般財源
事業費
事業実施による付加価値があるか＝民間にメリットがあるか？
広告掲載、ネーミングライツ、自動販売機や駐車場等の設置など
事業内容に市民や企業の共感・理解が得られるか？
ガバメントクラウドファンディング、企業版ふるさと納税など

民が大半です。事業内容によっては、市外在住者や企業利用などについて別の料金体系とすることも可能です。利用料等の値上げは継続的な財源確保となるだけでなく、スポーツ施設の運営など民間サービスの進出を阻害するような事業については、料金水準の適正化により民間サービスの充実が図られることで、将来的には自治体サービスの縮小を検討できる可能性もあります。

次に、広報誌や掲示板などへの広告掲載や、自動販売機や駐車場等の設置、ネーミングライツなど施設等の一部貸し出しによる、**事業活動に付加価値（民間のメリット）を見出して、関連収入による歳入確保策を検討**してみましょう。

さらに一歩進め、**事業内容そのものに共感・理解を求める、ガバメントクラウドファンディングや企業版ふるさと納税など**を実施して大きな財源を確保することも可能です。

これらは一度に大きな金額を集めることができるメリットがある反面、まったく目標に届かないこともあり、安定的な財源確保という面ではデメリットもあるため、初期投資や更新費用等に限った活用がよいでしょう。

POINT

- 特定財源を見つけている場合でも、より高い補助率、補助上限額の財源や、新たに補助対象経費が増える財源を探してみる
- 一時的な財源よりも、継続的で安定的な財源確保に努める

歳入確保策のまとめ

補助金の確保は視野を広く持ち、他分野の補助金にも手を伸ばして探してみましょう。事業の有料化、事業活動の付加価値を利用した広告などの歳入確保も検討してみましょう。

時代の変化に対応した予算とは？

歳出の圧縮や財源探しには限界がある気がします。根本的に予算のあり方を変える方法はないのでしょうか？

●時代の変化に対応した事業内容の見直し

無駄な事業の予算を削ろうとしても、価値観が多様化する中では、絶対に無駄であると言い切れるものは簡単には見つかりません。しかし、新たな課題やニーズに対応するための事業が、すでに予算化されている事業の内容に劣るともいえません。そこで、事務事業評価などの行政評価を通じた事業の優先度をもとに、既存事業を廃止・縮小して生み出された財源を用いて新たな事業を立ち上げる**スクラップ&ビルド**の発想が求められてきました。

しかし、「財政が厳しいので事業を廃止・縮小します」では、影響を受ける住民側の反対意見もあり、簡単には事業をスクラップできないのも事実です。だからといって、反対意見ばかり尊重して、新たな課題やニーズを無視することもできません。

既存の廃止・縮小される事業が解決したかった課題はいったい何なのか。その課題の解決手段は現行の事業の他にないのかを検討する中で、新たな課題やニーズに対応する事業によって、既存事業が解決できなかった課題への代替策を立案することも可能ではないでしょうか。

つまり、新たな事業をビルドしたうえで、新たな未来を描くために既存事業をスクラップする**ビルド&スクラップ**の発想が求められています。いわば事業の衣替えをすることで、課題解決可能な事業を立案するのです。

●時代の変化に対応した事業スキームの見直し

事業の目的と効果を検討した結果、事業を継続することが効果的と判断する場合もあります。しかし、自治体が必ず直営で行う必要があるかは別問題です。PPP（Public Private Partnership）、すなわち公民連携事業の中には、PFI（Private Finance Initiative）、指定管理者制度、民間移譲、公設民営、包括的民間委託、そして現在積極的に用いられているアウトソーシング（外部委託）など様々な手法があります。

かつての委託化は、事業の一部分、定型的かつ多量の業務や、施設運営などについて、公務員より人件費の安い民間に委ねることで支出額を圧縮するものでした。しかし、現在では少子高齢化に伴う生産年齢人口の減少から民間給与も上昇していることや、中間管理コスト、偽装派遣を疑われないための環境整備が必要なことなどを考えると、会計年度任用職員に代替することが最

事業内容の見直し

[スクラップ&ビルド]

住民

	廃止		使い道
財政状況が厳しい！	A事業	➡	？

[ビルド&スクラップ]

住民

改善されるなら話は聞いてみよう

	新設		既存事業を廃止し財源確保
課題を解決したい！	B事業	➡	A事業

衣替え

事業スキームの見直し

[公民連携の可能性を検討する]

主なPPP（公民連携事業）の例

- **PFI** PFI法に基づき公共施設の建設・維持管理運営等を民間が行う
- **指定管理者制度** 指定する法人に公の施設の管理を代行させる
- **公設民営** 公が施設を設置し、その運営を民間に委託する
- **包括的民間委託** 複数の業務や施設を包括的に民間に委託する
- **アウトソーシング（外部委託）** 組織内部で実施している（しようとする）業務を民間に委託する

[これまでの公民連携]

圧縮

事業費

⬇ 事業費の削減額＝効果

[これからの公民連携]

利便性向上
利用者増加
付加価値等

効果・効用

⬆

住民サービス
事業効率向上
➡費用対効果UP
＝効果

も効果的である場合も多くあります。一方で会計年度任用職員の雇用も、人手不足の深刻化による採用コストの増加や、正規職員並みの期末・勤勉手当の支給などコスト上昇要因もあるため万能とは言えません。

これからの公民連携事業とは、企業、大学、NPOなどと連携し、そのアイデアや技術、ノウハウを行政分野の課題解決に取り入れることで、住民サービスや事業効率の向上を図るものです。

つまり、予算額は増加しても、公務員が直接事業を実施するよりも費用対効果の高い事業を構想しようということです。文化、芸術、スポーツ、保育園・幼稚園、病院などの民間でも運営されている事業（＝民間の強みを活かせる分野）はもちろん、民間に類似した事業があれば公民連携の可能性は高いと考えられます。また、保育分野では民営の場合のみ運営費の国庫負担等があるなどの歳入面のメリットもあります。住民の福祉の増進という目的のため、手段の選択肢は数多く持っておいて損はないでしょう。

変化に対応した予算のまとめ

未来を描けるビルド＆スクラップで既存事業を衣替えした新事業を立案しましょう。公民連携も視野に入れた事業立案も重要。既存事業を会計年度任用職員で代替することも。

POINT

- スクラップ＆ビルドとビルド＆スクラップは似ているが、未来を描けるかどうかが違う
- 公民連携は民間の強みを活かせる分野から検討してみよう
- 会計年度任用職員の活用も万能ではない

11 議会での予算審議はどのように行われるの？

予算案に対する議会での審議はどのような手続きで進められるのでしょうか。議会はどのような意思表示を行うのでしょうか？

● 予算案の案をとるのは議会の権限

各部署が上げた予算要求は、財政担当課等の査定を経て予算案としてまとめられます。首長は、この予算案を都道府県及び指定都市は30日前、その他の市町村は20日前までに議会に提出し、年度開始前までに議決を得なければなりません（**予算の事前議決の原則**）。

予算案の提出を受けた議長は、本会議に上程して審議を開始しますが、補正予算も含め、予算審議は予算特別委員会や常任委員会等に付託するのが一般的です。審議を経た本会議での採決では、案のとおり認める**原案可決**、議会が予算案を増・減額して認める**修正議決**、そして予算案を認めない**否決**のいずれかの結果が出されます。なお、議会に予算の提案権はありませんが、減額、もしくは**首長の予算提案権**を侵さない範囲で増額の修正ができます（**予算修正権**）。

首長は、提案した予算が修正・否決された場合の対抗として**再議**に付す（審議のやり直しを求める）ことができます。なお、首長は①議会の議決が議会の権限を越えた、または違法な場合、②義務的経費や③災害復旧や感染予防のための経費が削除・減額された場合は、これを再議に付さなければなりません（**義務的再議**）。再議で出席議員の3分の2以上の同意で同じ議決がなされた場合は議決が確定します。ただし、①の場合は審査請求を行うことができ、その結果に不服のときは出訴することもできます。②については削除・減額された収入と経費を予算に計上して執行することができます（**首長の原案執行権**）。③が否決された場合は、首長の不信任決議とみなし、10日以内に議会を解散することができます。右記以外の理由でも、予算の議決について異議があるときは、議決の送付を受けて10日以内に理由を示して再議に付すことができます（**任意的再議**）。なお、任意的再議の場合も、出席議員の3分の2以上の同意で同じ議決がなされた場合は、議決が確定しますが、再議に付されること自体、極めてわずかです。

● 予算の否決と暫定予算

当初予算が否決された場合は、一般的には**暫定予算**を速やかに編成します。暫定予算は、改めて本予算を編成するまでの間のつなぎ予算です（第1章6参照）。通常1か月～3か月程度の期間分の義務的経費や経常経費を中心に、否決された当初予算案から抜粋して計上し、首長が目指すまちづくりへ向けた政策的経費は計上しません。

予算の議決

予算案の提案

↓

予算案の審議

↓

原案可決	修正議決		否決
	増額	減額	

- 増額 → 違法 → 任意的再議 / 義務的再議
- 減額：義務的経費／災害復旧費／感染予防費 → 義務的再議
- 否決 → 当初予算の場合、暫定予算編成へ

任意的再議・義務的再議 → 出席議員の2/3以上の同意で同じ議決＝確定 → 審査請求／原案執行権／10日以内に議会を解散可能

暫定予算

政策的経費 ― 首長の政策に反対された結果の否決であるため、暫定予算案に計上しないのが通例

経常経費
給与等の義務的経費等
市民生活に欠かせない経費
― 首長の政策に関係なく必要な経費について、改めて本格予算を提案するまでの間のつなぎとして、1～3か月程度の必要経費を計上して暫定予算案を編成する

なぜなら、議会は首長の政策——何かを始める・充実させる・やめる・削減することなどに反対して予算案を否決しているからです。予算案に賛成してもらうために一般の職員が特別できることはなく、市民説明の場や、提出資料等を通じて事業等への理解を深めてもらう努力を常に怠らないことが大切ですが、事業等を十分に理解したうえで反対していることもあり、特効薬はありません。なお、暫定予算案も議会の審議の結果、否決される場合があり、その場合は再度暫定予算案を速やかに編成します。

しかし、予算の作業日程と議会日程等を勘案し、議決を得る時間的余裕がない場合には、再編成した暫定予算案に対して**長の専決処分**を行わざるを得ない場合もあります。専決処分した暫定予算は、次の議会で報告しますが、議会の承認が得られなかった場合でも有効です。また本予算成立前に、事情の変化に応じて暫定予算の補正予算を提案することも可能です。

なお、暫定予算後の改めて編成する本格予算に、個別具体的な政策的経費を選択し計上できるかどうかは、否決された理由などに基づき検討を進めながら調整されていきます。

POINT

- 予算案の否決が義務的再議へとつながる事案の場合は、政治的に大きな動きになる
- 予算案に賛成してもらうために一般の職員が特別できることはない。日頃から事業等を理解してもらうため、努力を続けよう

議会による予算審議のまとめ

予算案に対する議会の意思表示は、原案可決、修正議決、否決の３種類。予算案が否決された場合は、経常経費を中心とした暫定予算を編成します。

私の失敗談 ❸ ｜ 査定と特定財源

財政担当として初めて臨んだ予算査定。西東京市の当初予算では毎年度歳入要求額を歳出要求額が数十億円ほど上回ります。市の財政規模は数百億円単位ですから、歳出要求額の５%～10%程度に当たる大きな金額です。査定作業を通じて、この歳入・歳出要求額の乖離を埋めていくことになります。

自分が査定を担当している課が提出した歳出要求額を細々と査定減していく毎日。特定財源が充当されている歳出要求額を減額査定した場合は、特定財源になっている歳入要求額を探り当て、その補助率等を調べたうえで、補助率等に応じた減額査定をしなければなりません。

財政運営の安定化や、予算の獲得、住民サービスの向上のために、特定財源の確保を意識すると、おのずと他の課がこれまでも活用していた補助金や、多種多様な事業に充当可能な補助金に目が向きます。西東京市ではこのような場合、特定財源になっている各補助金の予算要求を行う担当課を決めています。各課から歳出予算見積額を取りまとめ、そこから特定財源歳入見積額を積算。各課の歳出予算要求額に見合った額を特定財源として各課の事業予算に充当していくのです。

そんなこととはつゆ知らず、財政担当初心者の私は、特定財源が充当されている科目なのかどうかもよくわからないまま、次々と減額査定。「特定財源に注意してね」と先輩から指摘を受け、慌てて担当課から特定財源の充当の資料を入手し、それに応じた歳入予算要求額を減額査定。なんとか締切ギリギリに完成させ、係長に報告したものの――。「他課からの特定財源をすべて見落としているよ」と一言。え、そんな……。泣きそうになりながら当日締切厳守の修正作業に追い込まれたのは言うまでもありません。

PART 4

地方財政の仕組みはどうなっているの？

国は地方の財政を把握し、
必要な計画を立てます。
地方交付税や地方債を決める
仕組みはどうなっているのか。
各自治体が財政破綻しないための
仕組みはどうなっているのか。
財政をめぐる国と
自治体の関係をお伝えします。

国はどうやって地方財政を把握しているの？

**国は地方財政を何のために把握しているのでしょうか。
また、自治体は国の考えとどう向き合えばよいのでしょうか？**

● 地方交付税や地方債の大枠が決まる地方財政計画

国が施策を進めていくには、全国各地で活動する自治体と予算上の整合を図ることが必要です。そこで、総務省は毎年度**地方財政計画**を策定し、全国の自治体の歳出と歳入をマクロベースで見積もった総額を捉え、国会に提出しています。地方財政計画の策定過程で明らかになった地方の財源不足額が地方交付税の算定根拠となるだけでなく、**地方財政と国家財政の調整、自治体の行財政運営の指針**ともなる大事な計画です。

具体的には、自治体が行う事業には、**国庫補助事業**とそれ以外の**地方単独事業**があります。国庫補助事業とはいえ、国がすべての経費を負担するわけではなく、一定程度の地方負担分（**補助裏**(ほじょうら)）が必要です。また、地方単独事業でも法令による義務付けがある事業やどの自治体でも同様に実施している事業が数多くあります。国の施策を進めるために、自治体の予算の整合を図り、財源保障をするのはそのためです。なお、公債費は過去に地方財政の財源として発行された地方債の償還費が計上されます。これらを合わせて、歳出の見込み額を積み上げます。

また、国の経済見通しが定まると国税と地方税の見込み額を計上できます。地方交付税は国税の一部法定率を乗じて計上されます。国庫支出金も国の予算として連動し、地方債は事業ごとに財源として充当する額が計上され、歳入の見込み額が積み上がります。

これらの積み上げられた**地方全体の歳出額と歳入額の総額の差額が財源不足額として把握され、この不足額を地方交付税で賄うのが基本的な構成**です。しかし、地方交付税財源の不足により地方交付税だけでは地方の財源不足額を賄えないため、その不足額を国と地方で2分の1ずつ負担し(折半ルール)、国は一般会計から地方交付税を増額、地方は臨時財政対策債の発行によって歳出総額と歳入総額が同額になるよう調整しています。この仕組みにのっとって、国策として進める事業は、地方財政計画の内訳で必要な歳入(国庫補助金＋地方交付税)・歳出が増額されることで方向付けられます。

● 地方債の総額、借入先を決める地方債計画

地方財政計画では、主に普通建設事業ごとの財源(事業債)、また地方交付税の財源不足額の2分の1を**臨時財政対策債**として定めます。同時に、これら地方債の事業別の総額や借入先を定め

地方財政計画

事業費

国庫補助金	一般財源（補助裏）

自治体は、様々な国庫補助事業や義務付け事業の実施に必要な一般財源が確保されていないと、事業を実施することができない

地方財政をマクロベースで把握し、必要な財源を確保する仕組みが必要になった

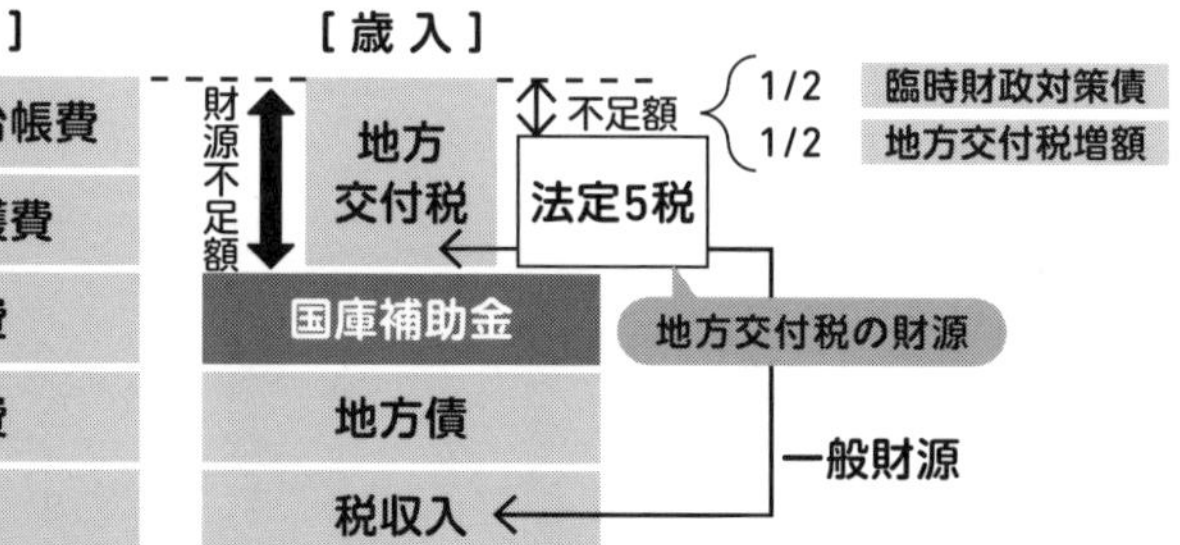

地方債計画

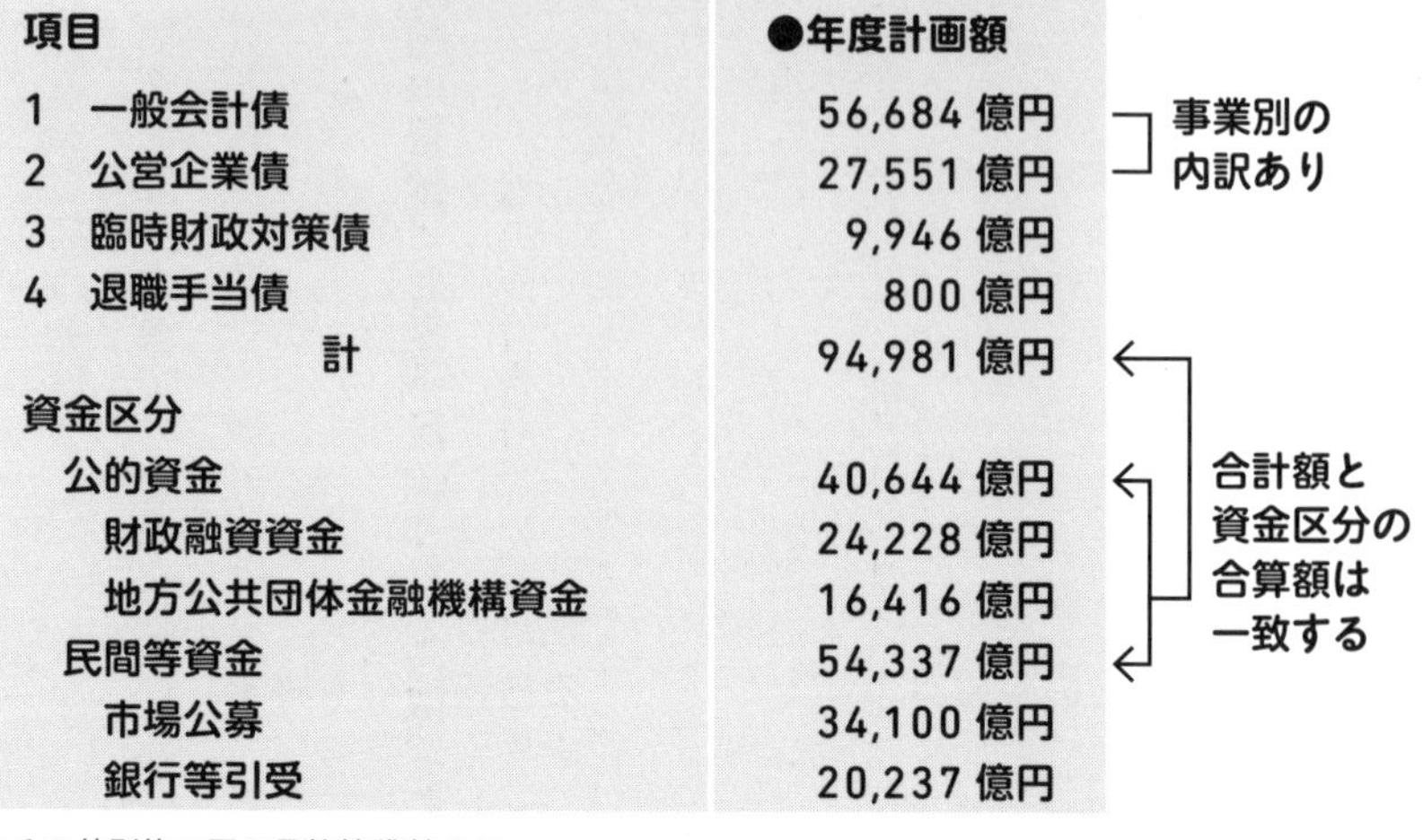

項目	●年度計画額
1　一般会計債	56,684 億円
2　公営企業債	27,551 億円
3　臨時財政対策債	9,946 億円
4　退職手当債	800 億円
計	94,981 億円
資金区分	
公的資金	40,644 億円
財政融資資金	24,228 億円
地方公共団体金融機構資金	16,416 億円
民間等資金	54,337 億円
市場公募	34,100 億円
銀行等引受	20,237 億円

※その他別枠で国の予算等貸付あり

るのが**地方債計画**です。

自治体は地方債の借入金利をできるだけ低く抑えたいと考えていますが、地方債のような年度をまたぐ貸付の金利は、長期になればなるほど高いのが基本です。地方債は普通建設事業や災害復旧事業等を支える貴重な財源であるため、国は長期間低金利で貸し出す公的資金として、自治体向けの財政融資や、地方公共団体金融機構の貸付枠を事業債別に上限を決めて用意することで自治体の普通建設事業等を後押ししています。

しかし、過疎地などの財政力に乏しい自治体の資金調達にも配慮されているものの、すべての貸付需要を満たすことはできません。そのため、民間等資金として銀行等引受資金や、都道府県・政令指定都市を中心とした市場公募資金の枠を設けています。これにより、公債費の交付税算入率に加え、有利な資金区分の借入枠を設定することで、自治体の財政支援と同時に政策誘導を行っているのです。逆の見方をすれば、**地方財政計画や地方債計画における国の政策誘導をしたかかに活用する**ことで、財政負担を抑えた事業実施も可能になるでしょう。

地方財政のまとめ

地方財政計画により、国は地方で実施すべき事業の財源不足を把握しており、これが地方交付税による財源保障の基礎となります。地方債計画は、地方の普通建設事業や災害復旧事業を実質的に財源面から支えています。

POINT

- 地方財政計画の中身を見れば、国が力を入れている分野や事業がわかる
- 地方財政計画、地方債計画による政策誘導を逆手にとった事業実施も可能

2

自治体財政の破綻を防ぐ仕組みはあるの？

北海道夕張市が財政破綻して、未だに大変な状況だと聞きます。自治体はどうなると財政破綻するのでしょうか？

●自治体の財政破綻を未然に防ぐための仕組み

自治体の財政破綻を未然に防ぎ、財政再建を促すために平成19年に制定されたのが「地方公共団体の財政の健全化に関する法律」(**地方財政健全化法**)です。

従前の地方財政再建促進特別措置法では、赤字比率が一定の割合に達した自治体は、財政再建団体に指定されて財政破綻し、そのまま国の管理下に置かれて自由な予算措置等ができなくなるものでした。一方、地方財政健全化法では、財政破綻する前にイエローカードとなる基準を設け、基準を超えた自治体には自主的な改善努力を促します。また、フロー（一定期間の増減額）だけでなくストック（一定時点の残高）にも着目し、公営企業や第三セクターの会計も対象とする新たな指標を導入するなど、自治体財政の全体像を明らかにする制度となっています。監査委員の審査や議会への報告・住民への公表等を義務付けて情報開示を徹底する制度ともいえます。

●早期健全化基準（イエローカード）と財政再生基準（レッドカード）

地方財政健全化法では、自治体の財政状況を客観的に表し、財政の早期健全化や再生の必要性を判断するために、次の4つからなる健全化判断比率を定めています。

- **実質赤字比率**：一般会計等に生じた赤字額の財政規模に対する割合
- **実質公債費比率**：借金（地方債）の返済額（公債費）の財政規模等に対する割合
- **将来負担比率**：借金（地方債）など負債額（地方債残高など）の財政規模等に対する割合
- **連結実質赤字比率**：病院や下水道など公営企業を含む全会計に生じた赤字額の財政規模に対する割合

これらに加えて、独立採算の原則で経営される公営企業会計の場合には、赤字や借金が大きくなることで、一般会計に大きな影響を及ぼすことがないよう、個々の収支（企業の経営状況）を事前にチェックするために、資金不足比率が定められています。

- **資金不足比率**：病院や下水道など公営企業の資金不足の料金収入の規模に対する割合

首長は、決算に合わせて健全化判断比率を算定し、根拠資料を付して監査委員に提出します。監査委員は合議により意見を付けて議会に提出、公表します。また、都道府県知事及び政令指定都市の市長は総務大臣に、政令指定都市以外の市、町村及び特別区の首長は知事に報告します。

健全化判断比率・資金不足比率算定等の流れ

［健全化判断比率］

① 会計管理者：決算の作成

［資金不足比率］

①' 公営企業管理者：決算の作成

② 首長：健全化判断比率・資金不足比率の算定

③ 監査委員：合議による審査➡健全化判断比率等審査意見書の作成

④ 首長：議会に報告、公表、総務大臣（都道府県知事）に報告

※早期健全化基準・経営健全化基準・財政再生基準を超えていた場合

① 首長：早期健全化計画、経営健全計画・財政再生計画の策定

② 個別監査契約に基づく監査法人：監査

③ 議会：審査➡議決により決定

④ 自治体として総務大臣（都道府県知事）に報告

早期健全化基準・経営健全化基準・財政再生基準

	早期健全化基準		財政再生基準	
	都道府県	市町村※1	都道府県	市町村※1
実質赤字比率	3.75% ※2	11.25%、 12.5%、15%	5% ※2	20%
実質公債費比率	25%	25%	35%	35%
将来負担比率	350%	400%		
連結実質赤字比率	8.75% ※2	16.25%、 17.5%、20%	15% ※2	30%
	経営健全化基準			
資金不足比率	20%			

※1 市町村には特別区を含む　※2 東京都は別途設定

資金不足比率は、各公営企業別に首長が算定し、財政健全化指標と同様の手続きを進めます。

健全化判断比率及び資金不足比率は、右図の**早期健全化基準・経営健全化基準（イエローカード）・財政再生基準（レッドカード）**を1つでも上回ると、年度末までに個別監査契約に基づく外部の監査法人の監査を受けたうえで、**早期健全化計画・経営健全化計画・財政再生計画**を定めて議会の議決を得る必要があります。早期健全化計画・経営健全化計画は自主的な改善努力のため、総務大臣または都道府県知事は必要な勧告ができますが、法的拘束力はありません。一方、財政再生基準を上回った場合は**財政再生団体**に指定されます。財政運営が財政再生計画に適合しない場合は、**総務大臣は予算の変更等必要な措置を勧告する**ことができ、**財政再生団体は勧告に従って講じた措置を報告する義務**があります。また、**地方債の発行には総務大臣の同意が必要**（災害復旧事業等を除く）となるため、事実上国の管理下に置かれた状態になります。自治体の自由な財政運営を守るためには、日頃から財政状況をチェックし、改善を続けることが大切です。

POINT

- イエローカード＝早期健全化基準（※公営企業の場合は経営健全化基準）
- レッドカード＝財政再生基準（※公営企業にレッドカードはない）

財政破綻のまとめ

地方財政健全化法では、一般会計以外の特別会計や第三セクター等にも注目して、自治体の財政破綻がないようにチェックします。また、フロー（一定期間の増減額）だけでなく、ストック（将来負担）にも注目してチェックします。

3

財政状況はどうやって把握するの？

自分の自治体の財政状況はどうすれば把握できるのでしょうか。決算が大事なことは知っているのですが、よくわかりません。

● 予算は広く公開しなくてはならない

首長は、議会で議決された予算を再議等に付す必要がないときは、ただちにその要領を住民に知らせなければなりません。また、条例の定めるところにより、毎年2回以上歳入歳出予算の執行状況並びに財産、地方債及び一時借入金の現在高その他財政に関する事項を住民に公表しなければならないとされています。（**予算公開の原則**）。

具体的には、予算の成立後に、予算総額やその年度の主要な事業の概要説明等を広報誌などに掲載することで公表しています。執行状況は上半期と下半期の2回に分けて広報誌などで知らせ、なおかつ下半期の公表は3月分までの執行状況として、出納整理期間を含めずに決算状況の公表と区別していることが一般的です。予算は今後のまちづくりへの期待からも注目されやすく、住民から問い合わせが来たり、住民と雑談する中で話題になったりすることもままあります。一職員として、担当外の分野であっても主要な事業は把握しておきたいところです。

● 決算の分析で住民と渡り合おう

自治体の財政が厳しいことが明確になるのは決算です。予算は会計年度独立の原則により歳入・歳出予算額は同額のため、どんなに財政状況が厳しく、予算編成が大変だったとしても予算案ができた以上は赤字の予算にはなりません。

一方、決算では歳入不足により形式収支が赤字になることがありえます。また、黒字だとしても、前年度よりも単年度収支や実質収支が悪くなり、財政状況が悪化している場合もあります。

このように、決算状況の把握は重要であり、総務省は毎年度地方財政状況調査、いわゆる**決算統計**により各自治体の決算状況を普通会計ベースで把握しています。普通会計とは、各自治体によって設置される特別会計も違えば一般会計が扱っている範囲も違い、単純な合算比較ができないため、各自治体共通の基準による統計上の会計区分を設定したものです。

この決算統計でまとめられた決算状況を一表にまとめたものが**決算カード**です。総務省が全自治体の決算カードをホームページで公表しているので、全国の自治体と比較可能です。近隣自治体はもちろん、市町村の場合は人口と産業構造により区分した市町村類型による**類似団体**同士の比較を行うことも有用です。人口や面積、職員数なども掲載されており、これらの数値と合わせ

決算カードを利用した決算分析

[決算カードの概要]

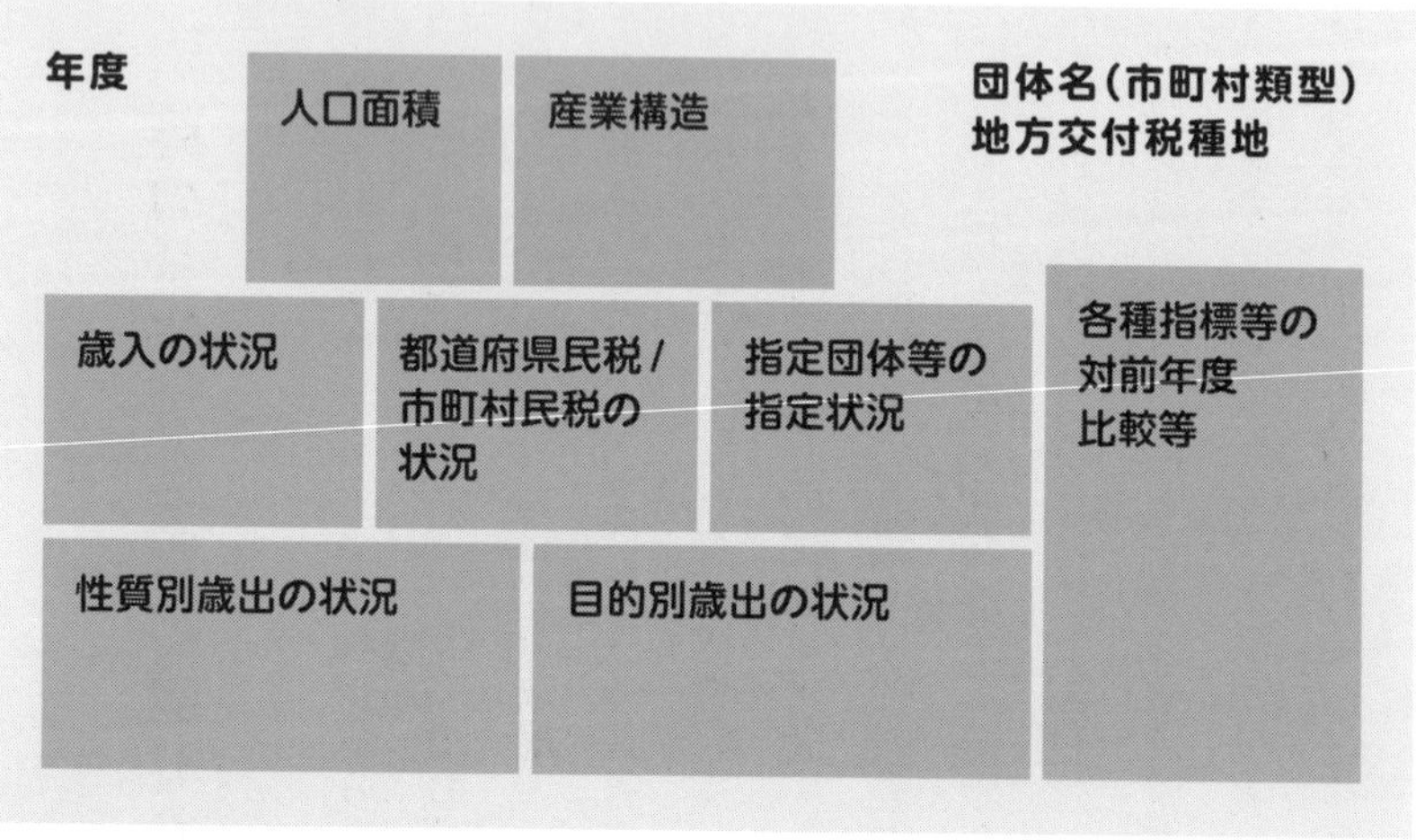

※総務省が示す標準的な様式を表わしていますが、都道府県により独自項目を追加するなどの工夫を行っていることがあります。

[簡単な分析手法の一例]

共通 各項目の構成比を確認することで、財源構成の特徴（歳入）や、力を入れている目的・性質（歳出）を把握します

歳入の状況 決算額と経常一般財源等を比較し、差し引くことで臨時財源への依存度等を把握します

都道府県民税 / 市町村民税の状況 超過課税分の特徴を把握します

性質別歳出の状況 歳出を性質別に分けることにより経常収支比率に与える影響を把握します

目的別歳出の状況 普通建設事業費を決算額から差し引くことで、年度間の増減が激しい工事費等以外の目的別歳出を把握することで経年比較が容易になります

これらの特徴を、近隣他自治体（市町村の場合はさらに類似団体）と比較することで、より一層自団体の特徴が明確になってきます。

て、例えば人口1人当たりの税収や、目的別経費（民生費や教育費等）、性質別経費（人件費や普通建設事業費）の比較等を行うことも可能です。これらの簡単な分析を行うことで、住民から寄せられる「我がまちは○○にお金をかけていない（かけすぎている）」といった根拠の薄い意見に対し、数字の根拠を持って回答でき、より建設的な意見交換が可能になります。予算や決算情報の公開は、住民自治を支える自治体の基礎情報の公開の意味合いを持つことから、財政担当課以外の現場担当者も担当分野の決算分析は行っておくことが望ましいでしょう。

住民との意見交換という観点からは、官庁会計の**現金主義・単式簿記**に加えて、企業会計的手法である、**発生主義・複式簿記**を導入した**新地方公会計制度**による**財務書類**（賃借対象表、行政コスト及び純資産変動計算書、資金収支計算書）を活用することも可能です。ただし、住民にとって身近でわかりやすい目的別の分析を財務書類だけで行うのは困難であり、分析には専門知識が必要です。そのため、住民には、民間企業と同様に財務書類を整備し、公表していることを紹介できれば充分です。

POINT

- 予算は住民に公表されているからこそ、担当外であっても主要な事業は要チェック
- 性質別経費・目的別経費の簡単な分析を行うことで、住民と建設的な意見交換ができるようになる

財政状況の把握のまとめ

予算公開の原則により、年2回予算の概況を住民に知らせる必要があります。決算カードを使えば自分の自治体の分析だけでなく自治体間の比較も容易にできます。

私の失敗談 ❹ | カンザイ

東京都総務局行政部市町村課に派遣されていた時のことです。派遣先では地方債と地方公営企業の指導を担当すると伝えられましたが、入庁６年目の主事だった私は、その言葉の意味さえわからないまま着任しました。４月当初、当時許可制度だった地方債の発行許可を得るため、各市町村から財政課の歴戦の猛者たちが都庁にはるばるやってきます。着任１週間もしないうちにたった１人で対面でチェックし、問題がないかを返答する役割を担うことになり、緊張の日々を過ごしていました。

ある日、「海老澤さん、カンザイに連絡をとってくれますか」と言われた私の頭に思い浮かんだのは「管財」課でした。そこで都庁の内線表を調べたものの、管財課は見当たりません。そこで「カンザイが見つからない」と慌てて確認すると、「財務省関東地方財務局東京財務事務所」のことだというのです。私は想像もしない答えに頭が真っ白。驚きを隠せませんでした。

財政担当課では、トクザイ（特定財源）、イチザイ（一般財源）など専門用語をさらに略して使うことがあります。また財政担当課に限らず、市役所内ではジテ（児童手当）、ジフテ（児童扶養手当）、シュウビー（就労継続支援事業Ｂ型）、トクヨウ（特別養護老人ホーム）、カンタキ（看護付小規模多機能型居宅介護）、コカセン（子ども家庭支援センター）などの略語を使うことがよくあります。

これらも、常識だと思って他部署の方に話すとコミュニケーションに混乱が生じるのは必至です。ましてや市民の方に略語を使うと、それだけで「丁寧に説明するつもりがない」と受け取られてしまう可能性があります。

たかが略語と侮るなかれ。相手が理解できるかどうか、配慮を忘れないようにしましょう。

おわりに

学陽書房の村上広大さんから、「財政のことを実は詳しく知らないという中堅職員さんが多いので、新人から中堅の方までをカバーする本を書いていただけませんか」というお話をいただいたとき、まさに我が意を得た気持ちでした。予算・財政の知識がないために財政担当課とのやりとりがうまくいかず、せっかくの良い事業提案が採用されない様子をたくさん見てきたからです。また、「地方公務員オンラインサロン　ｂｙ　ＨＯＬＧ」や「オンライン市役所」で各地の職員の方々と交流を深めるたびに、同様の悩みを抱えている方の多さにも、もどかしく感じていました。同僚等にはアドバイス等をしてきましたが、もちろん伝えられる範囲は限られています。

そこで、書籍を通じて、1人でも多くの方にお伝えできればと思い、本書を執筆しました。本書を通じて、予算や財政について苦手意識を払拭し、むしろ**財政担当課とのやりとりを通じて政策・施策の実現に携わることの喜び**を感じていただけたら望外の喜びです。

私が財政課在籍時に財政課長を務められていた池澤市長をはじめ、これまで様々な失敗を温かく見守り、諦めずにご指導いただいた諸先輩方に感謝の気持ちでいっぱいです。そして、いつも残業続きで帰宅が遅い私を応援・協力してくれた妻や子どもたちにも感謝を。本当にありがとう。

海老澤　功

●著者紹介

海老澤 功（えびさわ・いさお）

西東京市役所健康福祉部障害福祉課長。1974年生まれ。民間企業勤務後、2000年に田無市役所（現西東京市役所）入庁。生活福祉課、東京都市町村課派遣、財政課、企画政策課、保育課、保育課長、幼児教育・保育課長を経て2023年4月より現職。行財政改革大綱、実施計画、財政計画の策定のほか、歳入・歳出予算査定、地方債、地方交付税、地方公営企業、財政白書、計画事業査定、行政評価の実務に携わる。保育課では財政知識を活かして「公設民営保育園の民間移譲」を実現する。「地方公務員が本当にすごい！と思う地方公務員アワード2023」受賞。

東京都市町村職員研修所内部講師や外部講演会講師を数多く務める一方で、職員自主研究グループ「西東京市職場環境向上委員会」代表を務める。

著書に、『クイズ de 地方自治』（共著、公職研）。

いまさら聞けない！ 自治体予算・会計の超基本

2024年11月8日　初版発行
2025年2月28日　2刷発行

著　者　海老澤 功（えびさわ いさお）
発行者　佐久間重嘉
発行所　学陽書房
〒102-0072　東京都千代田区飯田橋1-9-3
営業部／電話　03-3261-1111　FAX　03-5211-3300
編集部／電話　03-3261-1112
https://www.gakuyo.co.jp/

ブックデザイン／吉田香織（CAO）　DTP製作・印刷／精文堂印刷
製本／東京美術紙工

ISBN 978-4-313-12142-3 C3033
乱丁・落丁本は、送料小社負担でお取り替え致します